人生の居心地をよくする

ちょうどいい暮らし

金子由紀子

青春出版社

はじめに

何年か前、夫が初めてスーツを誂《あつら》えました。

彼は服装にこだわりがなく、通勤用のスーツも、百貨店の催事場や量販店で買った既製服を着ていました。技術職なので、職場に着けば作業服に着替えてしまいますし、特に不満はありません。

しかし、考えてみれば、我々の父親世代にとって、スーツ（背広）は、買うものではなく誂えるものでした。

「たまにはきちんと誂えで作ってみようよ」

と訪れた紳士服店は、ベテランの職人さんが、若い息子さんと営むおしゃれな店構え。全身を細かく採寸してもらい、たくさんある生地、ボタン、裏地のなかから好みの（なるべくお手頃な）ものを選び、ポケットの数や形、付ける場所など、細かく指定します。店頭で既製服を選ぶだけと違って、けっこうタイヘン！

でも、職人さんは、

「オーダーなんですから、何でもお好きなように注文してください。ご自分のクセや習慣に合わせたデザインが着やすいですよ」。

うっかり落としものをしそうな夫は、内ポケットにファスナーを付けてもらいました。仮縫いののち、体型に合わせた補正をしてもらい、できあがったスーツは、裏地や襟《えり》に手縫いがふんだんにほどこされていて、手間のかかったものであることがわかります。

それを着るようになった夫によると、

「他のスーツと比べものにならない。軽いんだ。着ていてラクで、肩がこらない」

そうです。既製服と比べて、重さがそれほど変わるわけではないのに「軽い」というのは、すべてが彼の体型に合わせてあるからでしょう。

「できればこの服だけ着ていたい！」

と言うほど、気に入っていました。

「ちょうどいい」って、すごいことなんだなあ。

すべてが自分仕様だから余計な力がかからず、のびのびと動けて、気分よく過ごせて、自信も持てる。

この世は私のためにあるんじゃなくて、だから、ちょっとくらい丈が長くても、袖が短くても、色が好みじゃなくても、

「このくらい、仕方ないよ」

って、ガマンして生きている。

でも、本当はそんなのつまらない。服だけじゃなく、暮らしすべてが自分仕様だったら、人生はどんなに楽しくなるだろう！


本書でお話しする「ちょうどいい暮らし」は、自分の思った通りの、自分のサイズに合わせた、自分にいちばん似合うものを手に入れる方法です。

たくさんの見本から一つだけを選ぶのは、面倒だし時間もかかるけれど、それはどこにも売っていない、あなただけのオリジナル。何でもお金で手に入るように見える今、実は最高の贅沢なのかもしれません。


私もずっと、「ちょうどいい暮らし」を模索しています。

まだ道半ばですが、とっても楽しいですよ。だって、私のためにあるわけじゃないこの世界を、隅っこからこっそり、自分仕様にしてしまおうとしているんですから。
誰にも気づかれずに、この世界一地味な世界征服を、ご一緒にいかがですか？

金子由紀子

２０１７年初夏

ちょうどいい暮らし　もくじ

第1章 「素敵な暮らし」って何？
誰かと比べることからの卒業

第2章　「普通のごはん」のレベルとは

日本の女性は頑張りすぎている!?

付録　知っておくと便利な時短レシピ　

第3章 居心地のいい家の作り方
目指すは、「こざっぱり」が続く暮らし

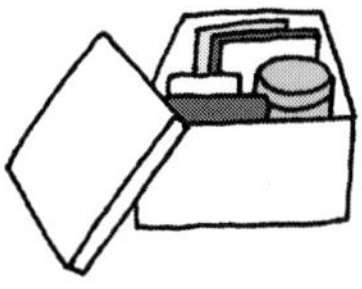

第4章　ちょうどいいクローゼットに変えよう
すべての服が1軍になるアイデア

第5章　人づき合いも、ちょうどよく

いろいろな人と程よい距離感を保つコツ

イラストレーション　富永三紗子
本文デザイン・DTP　ハッシィ
編集協力　嶋田安芸子

第1章

「素敵な暮らし」って何？

誰かと比べること
からの卒業

素敵な暮らしもくたびれる

何でもない平凡な毎日がいちばん大切――。そうわかってはいても、

「みんないいな〜、それに比べたら私なんて…」

と、自分の変化の少ない生活や、写真映えしないお部屋やごはんに引け目を感じてしまうことはありませんか？


たとえば、メディアにあふれる美しいインテリアや料理に触れたとき。

友達の素敵な暮らしぶりが窺《うかが》えるＳＮＳの投稿を目にしたとき。

まわりの人の（子供の）お弁当がすごく凝っているのを知ったとき…。

自分なりに楽しく暮らしているつもりだったのに、他人の「高感度な、おしゃれな暮らし」を目にすると、なんだか急に、自分の暮らしが色あせて見えてしまいます。


昔、「ひと様の暮らしぶり」なんて、そうそう見ることはありませんでした。

人の家に上がるのは、よほど親しい間柄でない限り、お呼ばれのときだけ。そういうときは、どの家も精一杯掃除して飾り付け、もてなしてくれるものです。「普段の暮らし」を覗《のぞ》くことはできません。

テレビや雑誌で紹介されるライフスタイルは、芸能人や文化人といった、特別な人のものばかり。だから、自分の家とは違っていても気になりませんでした。

でも今は、「普通の人の普通の暮らし」の情報があふれています。その理由の最たるものは、やはりSNS（ソーシャル・ネットワーキング・サービス、コミュニケーション機能を有するインターネット上のサービス）の隆盛でしょう。

インスタグラムやFacebookなどSNSを通じて、誰もが自分の暮らしを気軽に発信できるようになりました。「今日のごはん」や「お弁当」、「会心のコーディネート」「我が家のインテリア」「子育てのあれこれ」……。

何げない日常も、写真で切り取ることで、キラキラと輝きだします。素敵な写真には「いいね！」がたくさんつき、励みにもなるでしょう。交流によって「友だち」が増えれば、発信がますます楽しくなります。「平凡な毎日」が「素敵な暮らし」になる効能が、SNSにはあります。

しかし、以前は見ることのなかった、普通の人の「素敵な暮らし」は、自分の暮らしに自信の持てない人の心を波立たせます。「自分には関係ない」と思ってはいても、疲れていたり、心のゆとりがないときに、華やかで楽しげな「友だち」たちの投稿を見せられるのが苦痛だ、という人も少なくありません。

そしてまた、「素敵な暮らし」は、時としてインフレを起こします。

「この前と同じメニューは載せられないわ」

「○○ちゃんとカブったから、この服は使えない」

「インスタ映えする写真が撮れるところに行かなきゃ」

もっと素敵に、もっと楽しく……。

でも、日常なんて、そうそう楽しいことばかりは起こりません。毎日毎日、おしゃれなグッズを買うわけにもいかないし、「素敵」を維持するのもタイヘンです。しかもそれを、「友だち」同士で競っていたら、「素敵」はエスカレートするばかり。

「素敵な暮らし」も、追求しすぎるとストレスになっていくのでしょうか……。

ミニマル・ライフは恰好いいけれど…

「素敵な暮らし」もなかなか疲れる――ではいっそ、何もないスッキリした暮らしにしてしまえば、悩みはなくなるのでしょうか。

ここ数年、「ギリギリまでものを減らし、最低限のものしか持たない」というミニマル・ライフが若い人を中心に共感を集めています。

台所には鍋一つと食器一組のみ、着るものは白と黒だけを数枚のみ、室内には布団しかない、といった、禅僧のようなライフスタイル。極限までものを減らしたその暮らしは、見ていてすがすがしく、気持ちのよいものです。

これなら、片づけや掃除も楽なはずですし、広い部屋は必要ないので家賃も安く済みます。引っ越しも簡単なので、いつでも生活の場を移動できます。物欲のない恬淡《てんたん》とした態度は、こだわりを捨てて解脱した人のようでカッコいい！

しかし、最低限のものしかない環境で生活していくのは、実際には容易なことではありません。

一人暮らしの独身時代、業者の都合で引っ越し先にすべての荷物を先に送り、ガランとした部屋で一週間を過ごしたことがありました。

残ったのはボストンバッグ1個分の品と、敷布団。照明すらありません。食事はすべて外食か持ち帰りで、洗濯はコインランドリー。これでもまったく困らないのです。

「送った荷物、本当は必要なかったのかも。ものなんてなくても暮らせるんだ」

と、このときは思いました。

それから月日は流れ、結婚して出産した私は、子供のいる生活が、実にたくさんのものを必要とすることに驚きました。

大量の着替えとタオル、月齢に合わせて次々に変わる育児用品。狭い家はあっという間にゴチャゴチャになっていきます。しかし、実家は遠く、誰の助けもなく慣れない子育てをする身に、ものは大きな助けとなってくれました。

最小限のものだけでも暮らせるのは本当です。

ただ、それは若くて、家族全員が健康で、便利な場所に住んでいて、一定の収入があるか、限りなく一人暮らしに近いことが条件だと思います。

ものを持たずに暮らすためには、暮らす技術や知識が必要です。自分にそれがなければ、補ってくれる人やお金、または、十分な時間が必要です。

また、自分以外の人と暮らすならば、その人の持つものも同時に受け入れる必要があります。「必要最低限」は一人ひとり皆違い、シャンプーや調味料一つとっても、香りの好みや、成分が体質に合うかどうかは、家族であっても異なるのですから。

一緒に暮らす人が、自分の選んだものとは違うものを家に入れたいなら、それを受け入れなくてはならないだろうと思います。

「もの」が人の力を補う存在である以上、**ものと人はセット**なのです。

最低限のものしか持たない暮らしは不可能ではありませんが、体が弱かったり、ハンディを負っていたり、人によってはとても無理をすることになってしまいます。また、他の人と一緒に暮らすことを窮屈にさせてしまいかねません。

ミニマルな暮らしを心地いいと思えるには、越えなければならないハードルはとても高いのです。

幸せそうに見られたら、幸せになれる？

他人の「素敵な暮らし」にインスパイアされて、自分の暮らしを見つめ直す。それによって暮らしが変わり、毎日が楽しくなるのは、とても素晴らしいことです。

あるいは、片づけられない自分を変えるために、シンプルな暮らしを実践している人を参考に、ものを持たない暮らしを心がければ、悩みが解決するかもしれません。

素敵な人、暮らし上手な人と同じにすればうまくいく、そう考えるのは自然なことですが、必ずしもそうなるとは限りません。

お料理のモチベーションを上げようと、お料理写真をインスタに上げていたら大好評。さらに美しい写真が撮りたい！　と写真映えするお料理作りに熱中するうちに「最近、ごはんの時間が遅い」「いつも冷めてる」「こんな飾り、いる？」と、肝心の家族に大不評……。

何もないスッキリした部屋に住む人のライフスタイルを真似して、どんどんものを捨てた直後は気分がよかった。でも、すぐに「ないものをガマンする生活」に家族が不平を言い出し、再び買ってきたものをめぐって大ゲンカ……。

幸せになるために頑張っているのに、なぜだか裏目に出てしまう。無理もありません。参考にした「幸せな暮らし」は、「違う箱（家、家族）」に入っていたのですから。無理に当てはめると変形してしまうのです。これでは、本末転倒ですね。

以前、急に人気者になったあるタレントさんが、ファンの期待に応えようとするあまり、収入に不相応なドレスや宝石を買いあさり、高価なレストランで食事する様子をＳＮＳにアップし続けていたところ、蓄えが底をつき、精神的に不安定となって仕事もうまくいかなくなってしまった……という話を芸能ニュースで知りました。

見られることがビジネスである芸能人でさえも、バランスを失えば、見られることによって得られるメリットも失ってしまうのです。

ましてや普通の人にとって「素敵な暮らし」は、自分や家族がそれを楽しみ、毎日が豊かになってこそ意味があるはず。本来、他人に見せる必要はなかったはずです。

それが、ネット社会の到来によって、

「暮らしの劇場化」

が起きている。人に見せるものではなかったはずの暮らしが、カタログのように、ショーのようになってしまっているのです。それは、時代の流れとして自然なことで、仕方のないことかもしれませんが、注意する必要はありそうです。

「私の素敵な暮らし」のアピールが習慣になったとき心配なのは、「素敵な暮らし」が自己目的化してしまう（手段・目標だったはずの「素敵な暮らし」が、最終目的にすり替わってしまう）ことです。

お金を稼ぐのは、生きていくためであり、暮らしを豊かにするためであると皆わかっているはずなのですが、お金というものは不思議なもので、稼げば稼ぐほど、稼ぐことが自己目的化する傾向にあります。

実は、家事もそれと似たところがあって、

「自分と家族が楽しく暮らす」

ことが目的で、家事はその手段だったはずなのに、いつの間にか、家事それ自体が目的になってしまうことがあります。

「部屋をきれいにしておく」「おいしい料理を家で食べる」というのは、「快適に過ごす」ことや「家族団らん」のためだったはずなのに、それが置き去りにされて単なる目的となってしまうと、意に反して家の中がギスギスしてきます。

片づけに無頓着な夫に対してイライラを募らせ、キツい言葉ばかり発してしまい、夫婦仲が険悪になってしまったり。

子供の健康を願って手間ひまかけて作った料理を、偏食のために残されてカッとなり、つい叱りつけてしまい、子供を悲しい気持ちにさせてしまったり。

家族を幸せな気持ちにさせたくて、素敵なインテリアの計画を立てたのに、お金をかけすぎて、子供の教育費の準備に影響してしまったり。

こうなると、どんなに素敵な家に住み、どんなにおいしい料理を作っても、家族の誰も幸せになれない……という不幸な事態に陥ってしまいかねません。

「素敵な暮らし」は、基本、自分のためのものです。他人に褒めてもらうためのものではありません。

家事もインテリアもファッションも、自分の幸せのためにある。それを忘れてしまうと、暮らしを「自己目的化」という暴走列車に乗せてしまう危険性があるのかもしれません。

芸能人や、有名ブロガーのライフスタイルに憧れ、参考にすることはいいと思います。

ただ、誰もがそれと同じようにできるわけではありませんし、その人たちが幸せに暮らしているからといって、同じ暮らし方をすれば同じように幸せになれる、というものでもないでしょう。

自分は、「幸せになりたい」のか？
それとも、「幸せに見られたい」のか？

この二つは、必ずしもイコールではありません。もし「幸せになりたい」のなら、「人に褒められること」と「幸せ」とは、切り離して考えたほうがよさそうです。

ステキな暮らし…
でも私は無理せず
自分サイズの
暮らしを
目指したい!

「ちょうどいい暮らし」のススメ

「誰かみたいなおしゃれで素敵な暮らし」はくたびれる。

だからといって、「ミニマルな暮らし」はもっとハードルが高い。

家事の達人みたいにはなれないし、でもすべて切り捨ててしまいたいわけではなくて、できれば、家事と暮らしを適度に楽しみたい。

——そんなとき、どうすればいいのでしょうか。

たとえば、センスのいい人のスタイルを取り入れて、その人が持っているのと同じ素敵なものを買い集めたとしても、その人と同じ生活にはならないと思います。同様に、ものをたくさん捨てたからといって、それだけで暮らしがスッキリ快適になるわけではないでしょう。

なぜなら、**暮らしって「名詞」ではなく、「動詞」**だから。ものではなく、行動だからです。ものを変えるだけでは、暮らしはそんなに変わりません。

素敵な暮らしをしている人の家には、確かに素敵なものがたくさんあります。その人は、そこに至るまでに、お店だけではなく本や雑誌、美術館、センスのいいお友達の家、そのほかいろいろな場所で、その空間のイメージを作ってきたことでしょう。たくさんの素敵なものを見て、経験して、蓄積してきたはずです。人によっては、親の代、祖父母の代からの蓄積かもしれません。

「素敵な暮らし」に見えているのは、その人の世界のほんの一部分、氷山の一角に過ぎないのです。その部分だけを切り取って真似したところで、自分の世界から出たものでない暮らしは、自分の動き（行動）にそぐわない限り、心地よいものにはならないのではないでしょうか。

素敵な暮らしをしたいなら、素敵な暮らしになるような「行動」が必要なのです。素敵なものを置いたとしても、片づけられない自分のままでは、「素敵なもののある散らかった暮らし」にしかならないかもしれません。

ミニマル・ライフにしても同じことです。ああいう暮らし方が、ものさえ捨てれば誰にでもすぐにできるわけではないでしょう。知力、体力、場合によっては孤独への耐性も必要になる暮らしです。不快な思いをしないためにはお金もかかります。

健康で通常の生活を送れているときはいいのですが、ひとたび体調を崩したり、環境が変わったりしたとき、ものが自分を助けてくれることがあります。

ものは人間の弱いところ、欠けているところを補ってくれる存在ですから、時間や技術がない人にとっては、どうしてもある程度必要になってきます。だからこそ、ミニマルな暮らしをするには、それなりの覚悟が必要なのです。

もし、素敵な暮らしを求めて挫折したことがあったり、ミニマルな暮らしを貫く自信がないのなら、もう少しだけ、現実とのバランスをとることを考えてみましょう。


理想の暮らしを夢みて掲げることは確かに大切ですし、必要です。でも、その理想と程遠いからといって、焦ったり、自分を責めたりしないで。

人間は、思い描けないことを実現することはできません。しかし逆に、「こうなりたい」という理想を描けるなら、あなたはすでにその理想の一部なのですから。

理想の暮らしを実現するために、あれこれ取り入れることも、むやみにものを捨てたりすることもなく、

「今いる自分、今住んでいるこの家、今もっているもの、今ある技術」

だけでできるところから、理想の暮らしを始めませんか？

たちまちメッキがはがれてしまうような暮らしではなく、今あるもの、自分のなかから出てきたものだけで作っていく暮らし。それを仮に、

「ちょうどいい暮らし」

と呼ぶとします。

「ちょうどいい暮らし」は、「有名パティシエのお店で買ったデコレーションケーキ」ではなく、「自分で掘ったサツマイモで、ベランダで作った干し芋」みたいな暮らし。有名人のインスタみたいに目を引くものはないから、ブログのネタになったり、人に見せて感心されることはないかもしれません。

でもそれは、飾り気はなくとも実があって、自分と家族が本当に幸せになれる、楽しめる暮らしです。継ぎが当たっていても、清潔でアイロンがかけられた、着慣れた服のような暮らしです。自慢ではなく、堂々と胸を張り、

「これが私です」

と言える暮らしです。

そして、今よりも少しだけ前進していく暮らしです。

その前進は決して速くないので、自分が向上しているような気がしないかもしれませんが、タイムラプスで時間を縮めてみたら、少しずつじわじわと暮らしが変わっていく様子が見えるでしょう。

心と体、お金にも、あまり負担がかからない割に、確実な効果があって、しかも後退しづらいのがポイントです。

友達が、以前「10円玉貯金」をしていました。一日の終わりに、お財布にあった10円玉を毎日貯金箱に入れるだけのもの。ですが、一年経ったとき開けてみたら、7000円にもなっていたそうです。

その前にやっていた500円玉貯金は、少したまるとついつい使ってしまっていたそうですが、細かすぎて使いづらい10円玉は、逆にためやすかったそうです。

「ちょうどいい暮らし」は、この10円玉貯金のようなもの。一年後には、びっくりするほどではなくても、確実に成長している自分と出会える。

「幸せに見られる」よりも「幸せになる」ことを求める人におすすめしたいのは、そんな暮らし方です。

服を買うより
片づけるのが先だった…
ギッシリ

自己肯定感が高まると、人生の居心地がよくなる

「ちょうどいい」というと、「今のままでいい、ありのままの自分でいい」と思われそうですが、それはちょっと違います。

「今いる自分を肯定する」という意味では、それはとてもいいことだと思うのです。ただ、「今いるあなたのままでいい」と言いきってしまうと、それでは永遠に今のままでいい、成長も変化もしなくていい、ということになってしまわないでしょうか。

日本人は、自己肯定感が低いと言われており、さまざまな調査によってもそれは裏づけられています（35ページ）。

基本的な自己肯定感が低いところにもってきて、SNSなどで他人の「素敵な暮らし」を見せられ、自分と比べてしまう。

他人と比べて自分を否定してしまいがちな人にとって、

「今のままでいい」

という優しい呼びかけは、自分を認めてくれる外からの救いの言葉に聞こえるのかもしれません。

しかし、その心地よい響きに浸るあまり、

「そーかー、今のままでいいんだー。無理しないのが一番だよね」

と開き直ってしまえば、そこから一ミリも成長することはできません。救いの言葉が、自分を縛ってしまうかもしれないのです。

だから、「ちょうどいい」は「今のままでいい」ではありません。

今の自分は、もちろん否定しない。今いる自分が本当の自分です。

でも、今のままの自分が「本来あるべき自分」というわけでもないでしょう。

今の自分を認め、大切にする一方で、いつかなっていく、なりたい自分の姿を夢見ることも、やっぱり大切なのではないでしょうか。**そうすることで、だんだん自分が好きになっていくし、人生の居心地がよくなっていく**のだと思うのです。

私自身、10代、20代の頃は自分に自信が持てず、自分が好きになれず苦しんでいました。「自分が好きじゃない」って、とても苦しいことです。他人をうらやんでばかりで、「自分には価値がない」などと思ってしまうのは、自分が主演のドラマなのに、わざわざ脇役に甘んじているようなものです。

でも、30代、40代と年を重ねるごとに、そんな気持ちが薄れ、自分のことが受け入れられるようになってきた。それは、あまり壮大な目標を持たず、日々の小さなハードルをちまちまと乗り越えてきた結果、自分でも意識せず、できるようになったことが増えてきたから。

「あれ？　私、前はこんなこととてもじゃないけどできなかったのに、なんで？」

そうなると生きるのが俄然《がぜん》、ラクになります。

それは、少しずつだけれど自分なりに成長して、その分、自分を認めることができるようになったから。

「自分を肯定できる」というのは、「人生の主人公が自分になる」ということです。

相変わらずダメなところもある自分だけれど、誰かすぐれた人と比べて落ち込んだりすることはもうありません。私、同年代で身長も同じですが、小泉今日子さんと自分と比べたりしませんよ。小泉さんは映画やドラマの主人公だけど、私だってこの人生の主人公なんですから。

諸外国との「自己肯定感」の違い

●私は、自分自身に満足している

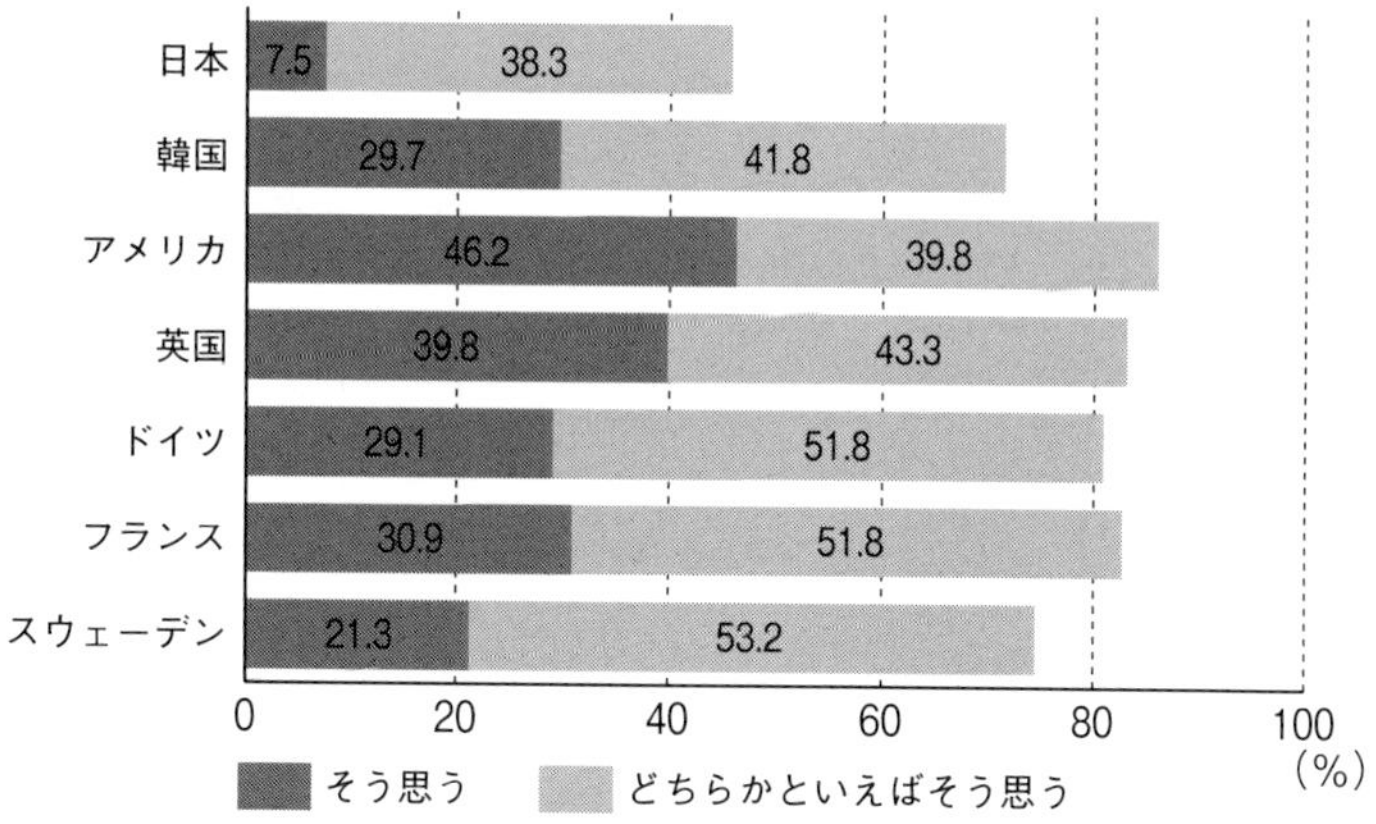

●自分は役に立たないと強く感じる

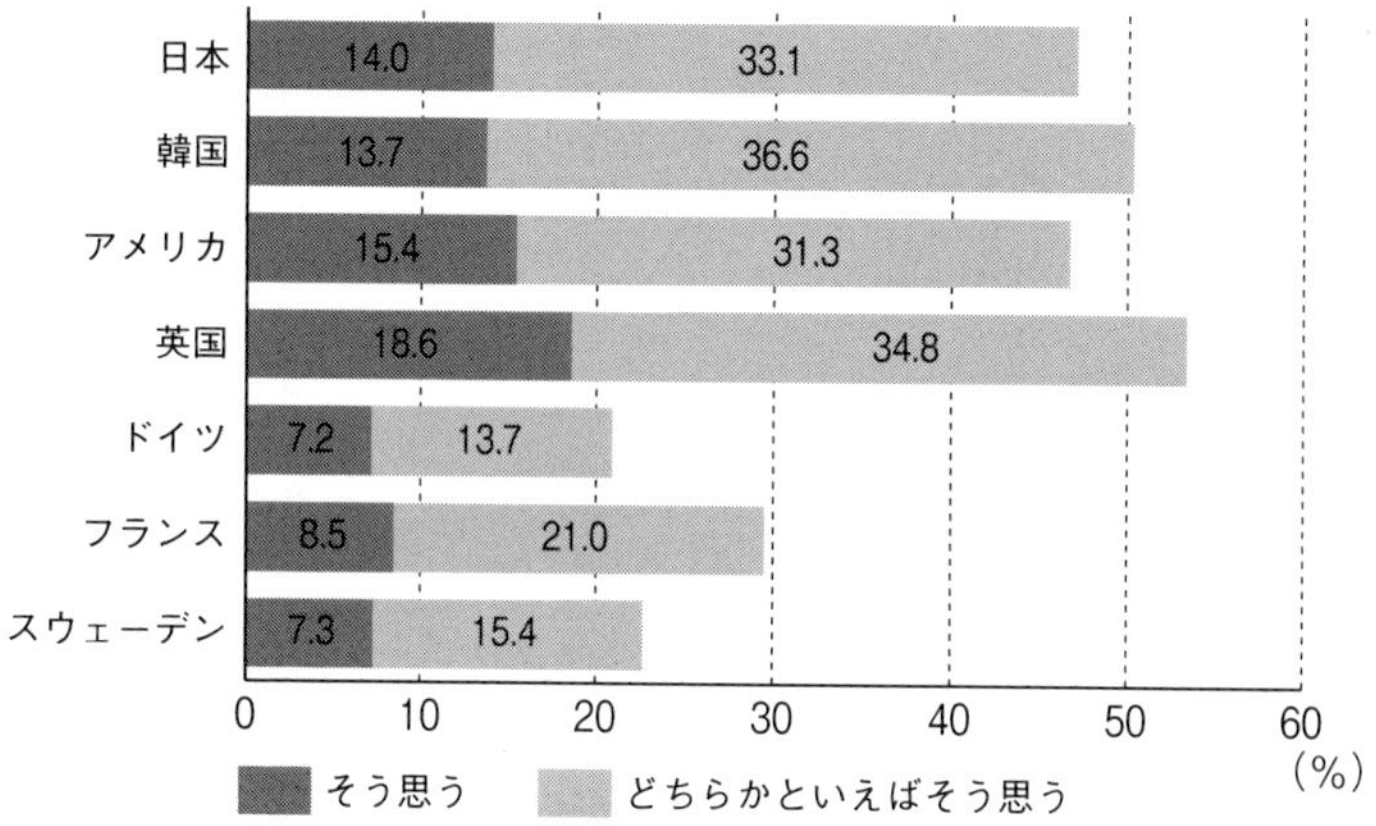

諸外国と比べて、「自分は役に立たないと強く感じる」割合は必ずしも低くはないが、自分自身への満足度は低い。

※平成25年度 内閣府委託調査（調査対象：13歳～29歳の青少年）「『我が国と諸外国の若者の意識に関する調査』における国際比較」より抜粋

子供服は、成長とともにどんどんサイズが合わなくなっていきますが、ある時点で成長が止まれば、それがその人のサイズになります。そのサイズに合う服が、その人にとっての生涯にわたる「ちょうどいい服」になります。

でも、実際はそうじゃないですよね？　成長が止まった後も、太ったり痩《や》せたりしますし、たとえサイズが変わらなくても、着続けてボロボロになる服もあれば、流行遅れになってしまう服だってある。「ずっとちょうどいい服」なんて、本当はありません。

ましてや、心には「成長の停止」がありません。年齢を重ねて、体の自由がきかなくなったとしても、心の成長は止まらないものです。

私の母は、75歳を過ぎてから、地域のグラウンドゴルフのチームに参加しましたが、今や「若手のホープ」を自任しているというから驚いてしまいます。スポーツとは縁のない人生を送ってきたにもかかわらず、新しく始めたこのスポーツが面白くてたまらないらしく、たまに電話をすると、

「何か用？　これから試合なのよ！」

と、ガチャ切りされてしまいます。人間って、いつまでも変化し続けるのですね。

ある時点で「ちょうどいい」と思っても、それは完成ではない。生きている限り、私た

ちは日々変わり続けます。だから、その都度の「ちょうどよさ」を探りながら生きていかなければならないのです。

ただ、あまりに遠い高みを目指して、その距離感にくじけてしまうよりも、毎日毎日座っているうちに体幹が鍛えられていくバランスボールのようなのが「ちょうどいい暮らし」。そう思っていただければいいかもしれません。

コツは、自分なりの「最低限」を設定すること

すぐ挫折してしまうような無理はしないけれど、「今のまま」に開き直らず、自虐に走ることなく、少しずつ成長することを目指す、「ちょうどいい暮らし」。

だって、「ちょうどいい」だけでは、みるみるうちにガタガタになっていきますものね。放っておけば、暮らしなんて、タガがゆるんでいく一方です。

いつか、ある中小企業の社長さんにお話を伺ったとき、組織について同じようなことを話してくださったのが忘れられません。

「人生はね、カネコさん。下りのエスカレーターなんですよ」

ユーモアあふれる社長さんで、話しながら部屋の片隅にあったついたての陰にサッと回り込みました。

「そのままでいれば、普通は悪くなっていきます」

ついたての上から顔を出していた社長さん、ついたての向こうで階段を下りるしぐさを

しているのか、次第に頭が消えていきます。

しばらくして、階段を上るしぐさをしながら再びついたての上に顔だけ現し、こう言いました。

「下りのエスカレーターにただ乗っているだけじゃ、さっきみたいに下がっていく一方です。常に同じ位置にいるには、こうやって、下りのエスカレーターを逆向きに上っていなきゃいけないいんですよ。

だから、『私、いつも同じ位置にいる。全然進歩してないな〜』なんて嘆くことはないんです。**いつも同じ位置にいられるってことは、あなたがいつも努力しているっていうこと**なんですから。

逆に、少しずつでも上がっているんだったら、それはすごいこと！　だって、あなたが乗っているエスカレーターは『下り』なんですよ？」

聞きながら、つい大笑いしてしまいました。

ほんとうにそうですね。一日でも顔を洗わず、髪もとかさなかったら、どんな美人もたちまちみすぼらしくなってしまうでしょう。

「全然掃除ができない！」「ろくなごはん作ってない！」なんて言っている人だって、家族がそこそこ快適に暮らせているのだったら、やっぱり毎日頑張って、下りのエスカレーターを上がっているのだと思います。

「素敵な暮らし」でみんなを感心させたいのでも、「何もない暮らし」で悟りを開きたいのでもなく、毎日の暮らしをイヤじゃない程度に快適にしたいなら、

「下りのエスカレーターでいつも同じ位置をキープする、うまくすればあるいは、毎年一段ずつでも上がる」

でいいのではないでしょうか。それこそが「ちょうどいい暮らし」です。

「上がらないけど下がらない、でも、ちょっとだけ上がる」。

暮らしや家事って、きわめて個人的な、家族以外の誰とも共有し得ないものなのに、あたかも、「正しいやり方、恥ずかしくないやり方」というものがあって、それを守らなければならないように思われている。そのことが、私たちを縛っているのではないでしょうか。

もっと、自由でいい、勝手でいいと思うんです。

もちろん、「こんな風に暮らしたい」というモデルを設定するのはいいと思います。でも、「こうしなければならない」「あんな風にならないと恰好悪い」などという思いこみで自分

を縛り、そうなれない自分を呪っているのだとしたら、そんな「正しさ」は捨ててしまったほうがいいんです。

「暮らし」をいいものにしようと考えるとき、女性目線で考えていくと、なぜだかどんどんレベルが高くなってしまいがちです。もっとおしゃれに、もっと清潔に、もっと細かく……。「素敵な暮らし」のインフレですね。

この設定を「男性」に変えると、いきなりラクになります。

私の場合、自分の家事のレベルを設定するのに、『アルプスの少女ハイジ』のおじいさん（最近は家庭教師のＣＭに出演していますが）か、俳優の大泉洋さんを用いています。

ハイジのおじいさんは、クリミア戦争で衛生兵だったこともあり、また田舎暮らしが長いことから、家事能力が高いのです。半面、男の一人暮らしということもあり、あまり細かいことはやりません。ハイジのごはんはいつもパンにヤギのミルク、あぶったチーズです。でもおいしそう！

大泉洋さんは、実際にはどの程度家事をなさる方か知らないのですが、大泉さんの少しとぼけた優しそうなキャラクターから、私が勝手に、

「大泉さんだったら、こんな家事をしているんじゃないかな？」

と妄想している暮らしのスタイルがあるのです。

女性の暮らしは、細やかさや清潔さを厳しくチェックされる傾向にありますが、男性だと、家事をやっているだけで称賛の対象になりますよね。

なんだかズルいな？　ともやもやしないではないのですが、家事を少しでもする男性が増えてきたのに乗じて、まんまとそちらにレベルを合わせてしまえばいいと思うのです。

そんなにたいした家事でも、おしゃれな暮らしでもないけれど、毎日快適に暮らせていればいいでしょ？　そんな暮らしに、少しずつ楽しみを見つけて、できることをちょっとずつ増やしていければいいでしょ？

それが、私の「ちょうどいい暮らし」。

今日から始められて、今日より下がりませんよ。ご一緒に、いかがですか？

第2章

「普通のごはん」のレベルとは

日本の女性は
頑張りすぎている!?

食について、本当に大切なこと

日本人は、料理について「家庭の手作り」をとても大切にします。

屋台料理の持ち帰りが日常にある他のアジアの国々や、昼や夜を冷製料理で済ますことも多いヨーロッパ、レンジでチンするだけのＴＶディナー（メインディッシュと付け合わせが、仕切り付きのトレイに入っている冷凍食品）まであるアメリカと比べて、日本の女性はラクすることを「手抜き」と恥じているみたい。

日本の女性の調理能力の高さは、ごく普通の家庭でも和洋中さまざまな料理を作り、流行ればタイ料理でもメキシコ料理でも、すぐに再現してしまうところに表れています。とんかつの付け合わせにする「キャベツの千切り」なんて、ものすごく高度な技術だと思います。

なかでも私がいつも「すごい！」と思うのは、日本のお弁当です。

「お弁当　中高生」「お弁当　ＯＬ」などというワードで検索をかけると、目にも美しいお弁当の数々が表示されて驚きます。だって、そのほとんどが、プロではない一般の女性によるものなのですから！

その最たるものが「キャラ弁」でしょう。有名なアニメのキャラクターやゆるキャラたちが、さまざまな素材と調理法を駆使して、びっくりするほど精巧に再現され、もちろんすべてが食べられるのです。その美しさはもはやアート。イギリスのＢＢＣ(公共放送局)が幼稚園のキャラ弁を番組にして放映するなど、海外でも知られた存在となっています。

しかし私は、実を言えば最近、

「日本の女性、頑張りすぎなんじゃないの？」

と思い始めています。

まじめな女性のなかには、

「残りものの寄せ集めみたいなお弁当じゃ、子供がかわいそう」

「冷凍食品ばかりのお弁当は、女子力低い…」

などと悩んでいる人もいるみたい。

お弁当は、人前で広げるものなので、本来は必要ない「見せる」要素が肥大してしまうのかもしれません。ましてや今は、ＳＮＳで他人のおしゃれお弁当を毎日のように見せられる時代です。

可愛いキャラ弁を作れる、お料理上手でセンスのいい女性は賞賛に値します。ぜひ、これからも精進して、家族とみんなを感動させるお弁当を作り続けていただきたい。

ただ、少なくとも私は（子供が小さかったとしても）やりません。

私にはそこまでの調理能力もセンスもないし、私がお弁当に求めるのは、美しさではなくて、「作りやすく、食べやすく、汁もれしない（↑大事）」ことだからです。

パッと見て食欲の湧かないビジュアルでも困るので、彩りには気を配りますが、その程度。お弁当でアートを作るのは、才能のある他の人に任せます。

キャラ弁はいわば、盆栽のようなものだと思います。

盆栽は最近、「植物とアートの融合」として海外でも人気ですが、知識とセンス、それに時間が必要な趣味です。作品を見れば素敵だなとは思うし、盆栽作家を尊敬しますが、私にはできそうもないし、今のところやってみたいとは思いません。米粒にお経を書く人はいるけれど、普通は真似しない。それと同じような感覚です。

キャラ弁を作るのが好きで得意でない限り、朝食とその片づけ、洗濯やゴミ出しなど、やることがいっぱいな朝の忙しい時間に、お弁当にそこまで時間をかけられる人はそんなに多くないでしょう。

私が子供の頃（１９７０年代）、すでに電子レンジは家庭に入りこんでいましたが、毎日のおかずは今よりもっと単調でした。テレビのお料理番組も、もっと地味で実用的でしたし、グルメ情報も今のようにあふれてはいませんでした。食に関する情報は、今とは比べようもない少なさだったのです。

昭和の母たちは毎日、どこにでもある材料で、同じようなごはんを作っていればよかったし、他人と比べることも少なかったでしょう。

でも今はタイヘン！　おいしい料理を作らなきゃ、それも見栄えのする、でもなるべく時短で、できればコスパもよく、それでいて栄養たっぷりに……。

頭がグルグルしそうですね。

しかし、「食」について本当に大切なことは、本来、もっとシンプルなことのはずです。

「**おなかと心が満たされ、生きる活力となること**」。

食べることは、ほかの生物の命をいただき自分の生命に変換する行為です。そこで一番大切なのは、おいしく食べておなかと心が満たされ、生きる活力となることなのです。

その目的さえかなうなら、料理が多少単調でも、見栄えが地味でも、毎回毎回完璧な栄養素を満たしていなくても、差し支えありません。

「子供がかわいそう」？　かわいそうなことがあるとしたら、お弁当を忘れてしまったときだけです。カロリーと栄養素がある程度補給できる食事を持たせてあげるだけで、子供には十分。可愛さは、素敵なデザインのお弁当箱やお箸でカバーしましょう。

「女子力」？（それはほぼ「対男子力」のことですが）お弁当で女子力を計る男子より、お弁当が作れる男子のほうが将来有望です。女子力不足を嘆くより、女子力自慢の女性にマウンティングされても、はね返せる力をつけたほうがいいかもしれません。

単調でも地味でも、確実に生きる活力となるごはん、「普通のごはん」をきちんと作れるようになりましょう。そして、無駄に自分を責めないこと。自分を責めても誰も得しませんし、おなかがいっぱいになるわけでもないのですから！

第２章
「普通のごはん」のレベルとは

「普通のごはん」のレベルって？

情報の海におぼれず、頑張りすぎず。

ちょうどいいごはんは、そんな「普通のごはん」です。

見た目が華やかじゃなくても、おいしくて、元気が出て、明日も頑張ろう！　って思えるごはん。頑張らなくていいとはいっても、たびたびカップ麺やコンビニ弁当じゃ、やっぱり元気が出ません。

そして、「何も見なくても作れる」ことも大事。レシピ本を見たり、新しいメニューを考えたり、いろいろチャレンジすることができるのは、余裕のあるときです。忙しくて、疲れているときに、そんな気力はありません。

そんなときの自分のために、私は「頑張らなくてもできる」献立をリストアップしています（53ページ）。

どれも、何の面白みもない料理です。それもそのはず、このリストは町の定食屋さんのメニューを参考にしているのです。そのなかから、「家にいつでもあるような材料で」「10分もあれば作れる」「家族が好きなもの」ばかりを並べてあります。

カッコのついた品目は、準備や後片づけにやや時間がかかるので、別枠にしてありますが、いずれにしても、簡単に作れるシンプルなものばかりです。昼食なら「ごはんものの部」や「麺類の部」から一品、夕食なら「一品料理の部」「サイドディッシュの部」から一品ずつ＋ごはん、という組み合わせで食事にします。

このリストを作ってから、疲れているときのごはん作りがとてもラクになりました。

ここで重要なのは、リストに載せるメニューそのものというより、「**疲れていても作れる自分のレパートリーを明らかにしておく**」ことです。

献立作りは、意外に頭を使う仕事です。家にある材料は限られている。家族の好みはそれぞれ違う。そんなとき、雑誌やネットのレシピは案外役に立ちません。我が家のために作られたレシピではないからです。

限られたなかで何を作ればいいか。思いのほか、自分が何を作れるのか、何ならラクに作れるのか、レパートリーを把握していないことが多いものです。

疲れているときは「献立を考える」という最初の段階でつまずき、料理が億劫になってしまいます。この「リスト」は、「元気な自分から、疲れている自分への指令書」です。特に、お勤めや育児、介護でてんてこまいの人に必要なのではないでしょうか。

「今、あなたは疲れているでしょ？　作るものは考えてあげるから、この通りに作りなさい」

と言ってくれる人（自分ですが）がいることで、頭を使わなくて済みます。

ありふれたメニューですが、「忙しい毎日のなかで、自分で食事を作り、家族で食べる」という、最低限の、しかし最も大切な目的は果たせます。

そしてもう一つ大切なのは、「家族にも作れる」ことです。

この「リスト」は、実は私以外の家族にも対応しています。ここ数年、週に一度は夫に夕食を作ってもらっていますし、大学生になった娘、高校生になった息子にも、時々食事を作らせています。そのときに、このリストから作るものを選んでいるのです。

私が疲れているときにできる料理なら、家族もできます。というか、できるようになっていてもらわないと困る、と思っています。

「頑張らなくてもできる」献立

ごはんものの部

オムライス
豚キムチ丼　牛丼
親子丼　海苔巻き
タコライス
（カレー）
（ハヤシライス）

麺類の部

ナポリタン
焼きそば　焼きうどん
釜たまうどん
アンチョビクリーム
スパゲティ
サラダパスタ

一品料理の部

ベーコンエッグ
焼き魚　ムニエル
チキンステーキ
しょうが焼き　肉野菜炒め
さばの味噌煮
（肉じゃが）（ハンバーグ）
（ロールキャベツ）
（ピーマン肉詰め）
（ささみフライ）

サイドディッシュの部

野菜サラダ
青菜のおひたし
青菜の海苔巻き
マカロニサラダ
ひじきと大豆のサラダ
青菜炒め　冷奴
ちくわのチーズ詰め
（ポテトサラダ）
（フライドポテト）

※（　）のついている品目は、準備や後片づけにやや時間がかかるもの

夫の父（舅《しゅうと》）は、典型的な昭和の仕事人間。家事育児は妻（姑）に任せっきりの人でした。時々家事を手伝ってはくれるものの、忙しすぎて、料理を覚えてもらうような時間はなかったのです。

その舅が商売（印刷業）をたたみリタイヤしたとき、姑はある行動に出ました。

「リタイヤしたら、しばらくゆっくりしたい」

という舅を説き伏せ、公民館で開催されている「男性のための料理教室」に通わせたのです。

簡単な料理ばかりでしたが、きちんと基礎を教えてもらったおかげで、今では姑がサークルやボランティアで家を空けても、食事に困ることはなくなりました。

この姑の先見の明を、私は素晴らしいと思いますし、大いに見習うつもりです。

仮に私が、素晴らしくお料理上手で、いつも目のさめるような鮮やかな料理を作ってあげるなら、家族はハッピーでしょう。

しかし、料理をするのが私ばかりで、その私が病気で倒れたら？　長期出張に行かなければならなくなったら？

主婦がいなくなったら機能しない家では、結局困るのは家族です。レストランのようなご馳走ではなくてもいいので、健康を維持できる経済的な料理が、主婦がいなくても作れる能力を、家族に持たせなくてはなりません。

そのためにも、「我が家の最低限の食事」を設定しておくことは大切です。

料理の能力は人それぞれですし、食に対する関心も、誰もが高いわけではありません。それでも、いつか家族全員が「最低限のごはん」を用意できるよう目指すことは、その家庭と、家族一人ひとりにとって、生きる力を育てるという大きな意味があると思うのです。

ちょうどいい台所道具

頑張りすぎない、でもそこそこきちんとしたごはんが作れる台所が欲しい。それにはいったいどのくらいの広さが必要で、何を持てばいいのでしょうか。最新の調理器具が揃い、収納たっぷりの広い台所なら申し分ないように思いますが、誰もがそうとは限りません。

以前、主婦雑誌の編集者の方がおっしゃっていました。

「台所の中で使っていないものについてアンケートをとると、決まって、『少し前に流行したおしゃれ台所道具』が挙がるんです…」

確かに、フリマアプリの出品コーナーでも、カラフルでずっしりしたあのお鍋とか、電子レンジで調理ができるあの容器をよく見かけます。

「これがあれば、こんなお料理が簡単にできる！」という期待とともに買ったけれど、結局は使いこなせなかったということなのでしょうか。

それと同じような経験もしてきた私、今ならわかります。食生活って、意外に保守的なんです。

画期的な商品が現れて、それがあれば今までとガラリと違う料理が作れるとしても、自分のなかに「決定的な変化」がない限り、自分の作る料理はそんなに急に変わらない。慌ただしい日常のなかでは結局、作りなれた、食べなれた料理が優先するものです。

画期的な商品はかくて、最初の一度か二度、もの珍しさから脚光を浴びますが、気がついたらお蔵入り——そんなケースが多いように思います。

便利な商品は次から次に現れますから、そのたびに手に入れていたら、使わない道具は増える一方です。ものが増えれば片づけや掃除の手間もその分増えるうえ、台所のスペースがどんどん狭くなっていきます。これでは、台所の本来の目的である「調理」がしづらくなってしまいます。

そうならないためには、新しいものに手を出す前に、「自分の食生活」と「自分が作る料理」、「本当にその道具がなければ作れない料理なのか」といったことをよくよく考えなくてはなりません。

以前、とても整理された台所を持つベテラン主婦の方にお話を伺ったことがあります。

少し古びたその台所は、ミニマリストのようにガランとしてはいませんでしたが、すべてがよく使いこまれ、手入れされていて、すがすがしい空気が漂っていました。

結婚当初に揃えた食器は一枚も欠けることなく、和洋中すべての料理をそれらでまかなっているそうです。その方いわく、

「便利な道具に飛びついた頃もあった。でも結局使わなくなった。今では、目新しい料理、未知の料理も、手持ちの道具だけでできないかやってみる。三度、不便な思いをしてそれでも作りたいと思ったら、そこで初めて買うことを検討する」

そうです。

「まずものを手に入れて、それから作る」のではなく、逆なのですね。「それがないと作れないような料理」は、もしかしたら、それがあっても作らないかもしれません。

本当にその料理を作り続けるだろうか？　使いこなせるだろうか？　手入れできるだろうか？　買う前に、誰かに借りてお試しはできないだろうか？　と、いろいろな方面から検討してから購入するほうがいいようです。

私は十年ほど一人暮らしを経験し、その後結婚して子供を二人得、四人家族になりました。ところが、一人暮らし時代の台所と、現在の台所を比較して、持っているものの数は

いい包丁って
気持ちいいい！

あまり変わらないのです。むしろ、無駄な食器をたくさん持っていた一人暮らしの頃のほうが、ものが多かったくらいです。

ある程度料理をする人であれば、必要な道具の数や種類はそれほど変わらない、というより、必要なものはおおむね共通しているはずです。その必要不可欠な道具については、なるべくよいものを持ったほうがいいのです。

包丁や鍋、フライパンのようなベーシックなものについては、少し高価でも、長く使える丈夫なものを揃えると、毎日の料理がラクで楽しくなります。

私は、手入れのラクなステンレスの文化包丁から、研ぎながら使う鋼の包丁に替えたとき、そのあまりの切れ味のすばらしさに、手に入れたその日から当分の間、毎日のようにキャベツの千切りをしていました。そのくらい、よく切れる刃物というのは気持ちのよいものです。

同じく鍋についても、二十年以上前の結婚祝いにいただいたステンレスの三層鋼の鍋は、煮るにも蒸すにも揚げるにも使えて焦げ付きにくく、また焦げ付いてもリカバリーがきくため、毎日のように愛用していますが、とても丈夫でいまだに現役です。たぶん一生使うでしょう。**よい基本道具は、「ちょうどいい台所」の強い味方**です。

広い台所であっても、ものばかり増えて手持ちの道具が把握できないようなら、せっかくの広さのメリットはありませんし、逆に、狭くても、必要なものだけを揃えた、整理された台所であれば、小回りのきくコックピットのように機能するものです。「ちょうどいい台所」に、必ずしも広さは必要ではないと思います。

・自分がどんな料理を作っているか

・それにはどんな道具が何個必要か

を、まず割り出す。

できれば今あるものを最大限に活用してものを増やさないようにしたほうがいいけれど、今使っている道具に不満があるならば、よい道具を探して少しずつ切り替えていく。

そのうえで、ものを増やすとしたら、

・これからどんな食生活にしていきたいか
・それには何が必要か

をきちんと把握してからにすることで、余計なものを増やさず、気持ちのいい台所を築いていけるはずです。

鍋類

・炊飯用土鍋（３合）……「自動炊飯」の機能（ボタン）が付いたガスコンロに対応する鍋。電気釜炊飯よりもガスが好みなので愛用している（以前は普通の土鍋を使っていたが、割れてしまった）。

・ステンレス三層鋼片手鍋（２ℓ）……何にでも使う。20年以上現役。

・ステンレス三層鋼片手鍋（1.2ℓ）……２ℓと同じシリーズ。味噌汁その他、何にでも使う。

・ステンレス三層鋼圧力鍋（５ℓ）……ゆで物、圧力調理に使う。

・中華鍋（鉄）……子供が大きくなり、炒め物がフライパンで足りなくなって購入。

・フライパン（鉄）……テフロンより鉄が好きなので。10年選手。

・コーヒーポット（１ℓ）……最初は２ℓのやかんを使っていたが、２ℓの湯を沸かすことがないこと、コーヒーをよく飲むことから。

調理家電

・電子オーブンレンジ……便利に使っているが、23年経過したので、壊れたら買い替えないかもしれない。

・フードプロセッサー……買う前は、活用できるか心配で、人に借りたり、マンションの共同キッチンのものを使って試していた。買ってからは大活躍。

・ミキサー……買う前に、実家の使っていないものを借りてみたら便利だったので、結局毎日使っていて、返していないままに。

私の台所道具の持ち方

小道具類

・包丁……鋼の文化包丁、小出刃、パン切りナイフ各1。最初はステンレスの文化包丁のみだったが、海の近くに越してきて魚料理をするようになったため、また、焼き立てパンを切るために増やした。最近は、アウトドアナイフをペティナイフとして使うこともある。

・おたま……1本しかないので、カレーとスープを作ったときに少し不便だが、なくても何とかなっている。

・麺棒……すりこ木、ポテトマッシャーと兼用。

・フライ返し……揚げ物をするときは網じゃくし的にも使う。

・ステンレスボウルとざる……大小各2。足りないこともあるが、丼や鍋で代用する。

・琺瑯のバット……下ごしらえ用、ケーキ型、グラタンやグリル皿としても使う。

・大きな木のサラダボウル……もらい物。パンやうどんをこねるのに使う。

備品

・ラップフィルム……幅30センチのものは使わず、22センチのものだけを常備。大きな皿や野菜に使うときは、2回切って包む。

・カットした新聞紙、カットした古布……油汚れや食器の残さいをふき取るために備蓄している。

台所をすっきり保てる食品管理術

あらためて考えてみると、食事作りは、「作る」だけでは完結しない複雑な家事です。

料理以前に、

1　食品を買ってくる

2　買った食品を適切に下処理・収納する

3　献立を考える

という一連の作業が不可欠です（3が1の前にくるケースもあります）。

そして、料理や食事が終わったあとには「調理屑《くず》を捨てる、調理用具を洗って片づける」「残さいを捨てる、食器を洗って片づける」という作業がつきまといます。

料理に関する作業のなかでも大切なのが、「食品の管理」です。ただ食品をしまっておくだけの地味な家事ですが、家計に直接影響を及ぼし、私たちの健康に直接関わってくることさえある、実は大事な工程なのです。

温度や湿度などの管理が不十分で、食品が傷んでしまえば、お金を捨てたようなものです。いくら節約したところで追いつきません。傷んだ食品を捨ててしまうならまだしも、うっかり食べてしまい、食中毒でも引き起こしたら一大事。そのため、特に消費期限の早い食品、冷蔵庫に入れる食品の管理には、注意が必要です。

仕事やほかの家事に忙しかったり、家族が多かったりすれば、ひっきりなしに買い物をしては食品を詰めこんでいるうちに、次第に冷蔵庫の中身が把握できなくなっていきます。こうなると、奥行がある冷蔵室、深さのある冷凍室や野菜室は、食品が迷子になる「魔窟」と化してしまうことも…。

よくあるのが、パッケージや容器に購入日（作った日）を記入するという解決法です。これはまさに正論で、しまうときにひと手間かけさえすれば、後で「これいつ買ったんだっけ？」などと悩まずに済むのですが、忙しい人にはこのひと手間ができないのです！

大急ぎで買い物をして、重い荷物を台所に運び入れたときにはすでにぐったり。ほかの家事も山積みです。そのとき、冷蔵庫のそばにマジックペンや記入用シールが用意されていたとしても、一刻も早く（特に夏場であれば）冷蔵庫に詰めこみたくなってしまうのが人情。かくて冷蔵庫の中身は、購入日の異なる食品が混在するカオスとなっていくのです。

冷蔵庫収納の鉄則

そこで私は、次の2点を心がけています。

・必ず透明な容器を使う

・手前を空けてコの字型、または前後二列に収納

これが、冷蔵庫収納の鉄則です。

中身の見えないプラスチック容器やレジ袋に入れて収納したり、前からあるものをどんどん後ろに押しやっていく方式では、冷蔵庫の中は混乱するばかりです。

詰めこむときは「フタ（袋）を開けてみればいい」と思っていても、慌ただしいと、そのわずかな手間がかけられなくなります。冷蔵庫を開けるたびに目に入るんだけど、「なんだっけ、これ」と思いながらついそのままにしてしまい、日が経ってしまう。

そう思えば、フタや袋を開けなくても、最初から中身がわかるようにしておいたほうがいいのです。不透明な保存容器に入れて中身を腐らせてしまった経験があるなら、その容器は捨ててしまうか、少なくとも食品収納に使うのはやめたほうがいいでしょう。

また、食品を冷蔵庫に入れるときは、手前を空けてコの字型に収納すれば、奥にあるものを見失うことがないので安全です。

ただし、手前を空けておくとついつい何かを置いてしまう場合は、もう割り切って、「前後二列」方式にしてしまいましょう。つまり、「奥は長期保存用」と決め、味噌やジャムなど傷みにくいものの置き場にし、手前は豆腐や作り置きの料理など、すぐに使うものを置くようにするのです。

奥にしまうものを取り出しやすく、戻しやすくするためには、手前にも一か所は「すき間」を作っておいたほうがいいでしょう。そこをずらすことで、奥にアクセスしやすくなります。

底が深い野菜室や冷凍室は、「立てて収納」が向いています。しかし、仕切りが少ないことが多く、どうしてもごろごろ寝かせて収納することになります。そうすると、下にあるものが死蔵品と化す恐れがあります。

市販の収納グッズを使うのもいいのですが、自分のニーズに合ったサイズのものがなかなか見つからない場合は、紙や段ボールの空き箱をカットして、作ってしまいましょう。

冷蔵庫はあくまで「一時保管所」であり、「ストック置き場」ではありません。

なかには、缶詰やレトルト食品を、冷やす目的ではなく保存のために入れている人も見かけますが、何でも冷蔵庫に入れて中身をいっぱいにしてしまうと、冷却能力も落ちますし、食品が探しにくくなります。

冷蔵庫はなるべくスッキリさせ、次に買い物に行くときにはスカスカになっているように使い切ると、中を整理したり、アルコールで拭いたりするのがラクになり、清潔さが保てます。

保存食は〝ローリングストック〟の習慣を

冷蔵庫に入れない、長期保存のできる加工食品にも、賞味期限があります。

牛乳や豆腐、お惣菜などすぐ消費する食品の「消費期限」とは異なり、缶詰やレトルト食品、乾物など加工食品の「賞味期限」は、その期日を一週間や二週間過ぎたからといって、必ずしも食べられなくなるものではありません。保存がきくので、防災食としても重宝しますが、かといって永遠に保存しておけるものでもありません。

冷蔵庫に保管した食品は目にふれる機会が多いため、消費期限を意識しますし、傷みにも気づきやすいですが、加工食品は長く保存できるからと、ついつい死蔵して賞味期限を過ぎてしまうことがあります。

そこでおすすめなのが、〝ローリングストック〟です。常に一定数の保存食を用意して

冷蔵庫収納の鉄則

必ず透明な容器を使う

透明な入れ物としては、タッパーウエア型の密閉容器のほかに、ファスナー付きの食品保存袋が便利。密閉できるので汁気のあるものにも使え、空気を抜いて収納することで、箱型の容器よりも体積を減らすことができる。

手前を空けてコの字型、または前後二列に収納

食品をコの字型か前後二列に収納すると、奥にしまってあるものを見失いにくくなる。

野菜室や冷凍室には小箱を入れると整理がラク！

サイズ調節可能な小箱の作り方

1 小さめの段ボール箱（薄めのもの）のフタ部分を取る

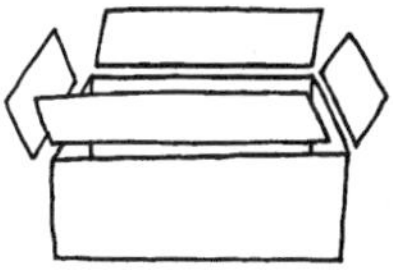

2 野菜室や冷凍室の高さに合わせて上をカット

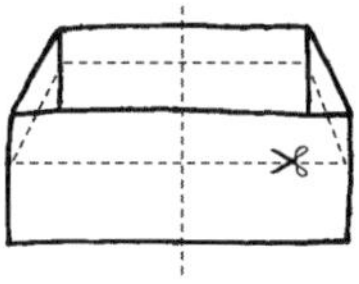

3 さらにまん中で二つに切る

4 片方をもう片方の中に入れ込み、サイズを調整する

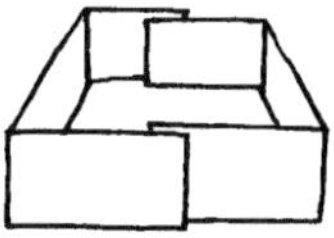

中に入れるものに合わせて縮めたり広げたりすることで、いろいろなサイズの食品に対応できる

おき、賞味期限前に消費して入れ替える備蓄法のことで、これには、すぐに食べられる食材を手元に置きながら、同時に防災食を確保できるという、二つのメリットがあります。

ローリングストックを実践するのであれば、缶詰やレトルト食品などを「食べたら同数補充する」を繰り返していくことで、死蔵を防ぐことができます。そのためには、購入時に食品の賞味期限をよく確認すること、一定期間内に必ず使う習慣を持つことが大切です。

これらの加工食品は、そのまま食べてもいいですが、入れ替えのために頻繁に食べることを考えて、いろいろな食べ方を研究するとさらに食生活が充実します。

魚の缶詰はサラダや鍋の具にもなりますし、乾物料理のレパートリーが増えれば、万一避難生活を送ることになったときも、食のストレスを減らすことができます。

果物の缶詰やドライフルーツは、デザートやお菓子作りにも活躍するでしょう。

冷蔵庫の中であれ、食品庫や棚の中であれ、食品置き場の食品が、ゆくゆくは自分や家族の体に変換されることを考えると、保管している食品も、人体のように「新陳代謝」させていくことが大事であることがわかります。古くなったものより、新鮮でおいしいもので体を作っていきたいですね。

ローリングストック
・すぐに食べられる
・防災食を確保できる
賞味期限前に使う
新しいものを補充する

それでもきちんとしたい自分を納得させる方法

　時間をやりくりし、工程を合理化し、なるべく簡単なやり方だけを採用しても、どうしても間に合わなくなってしまうことはあります。残業が続いたり、子供の行事や受験があったり、おじいちゃんが入院したり。「これが終わったらちゃんとする！」と思っていても、次から次に困難はやってくるものですよね。

　そのしわ寄せが食卓に反映すると、家族に何を言われたわけでもないのに、自分が落ち込んでしまうのです。

「買ってきたお惣菜が続いてる…」
「また丼物にしてしまった…」
「お弁当が作れず、お金を渡してばかり」

　自分を責めても、時間ができるわけでも、気力が湧いてくるわけでもないのに、こんな言葉でチクチクと心を刺し続けてしまうのです。

できないときはできない。でも、開き直ることもできない。「ほんとうはきちんとしたい」気持ちをなだめ、納得させたいけれど、これ以上かけられる時間も手間もないときは、どうしたらいいのでしょうか。

季節を取り入れる

慌ただしい毎日を送っていると、どうしてもおろそかになりがちなのが「季節感」です。季節の行事食、旬の食材を使った料理などは、心にゆとりがないとなかなかできるものではありません。

しかし逆に、ほんの少しでも、毎日の食事に季節の要素があれば、「きちんと生きてる、きちんと食べてる」という安心感と、ささやかなプライドのようなものが満たされます。

正月のおせち、桃の節句の頃にハマグリ、初夏に鮎、秋に栗やきのこ。頻繁にはできなくとも、主だった季節行事を織り込んだメニューや、そのときにしか出回らない食材を食卓に取り入れることで、食に対する満足感は上がりますし、季節を楽しむことで、自分への肯定感が生まれます。忙しくてどうしても作れなければ、これは買ってきてもいいと思うのです。

もっとも、忙しい日々に、季節を思い出すことは簡単ではありません。ましてや、それを食に取り入れるには、準備や計画も必要です。

「これはやっておきたい」という季節行事があったら、あらかじめ手帳やカレンダーに書きこみ、その数日前から準備ができるようにセッティングしておくのはどうでしょうか。作りたいメニューや必要な材料などを書きこんでおくことで、あらためて調べる手間も省けます。

月ごとに、「今月食べたい季節の食材」をピックアップしておくのもいいでしょう。買い忘れ、食べ忘れが防げます。

スマホを活用するのも得策です。アラームを設定しておいたり、季節に対応したアプリを入れておけば、行動に移すのが容易になりますし、旬の食材を調べたりすることもでき、便利です。

便利なアプリの例

・くらしのこよみ　for iPhone
・旬野菜のおみそ汁

・旬の食材 Free

ただ、「季節を取り入れる」ことがノルマのようになってしまうのは楽しくありません。忘れてしまっても、自分を責めないで。「旧暦」は、現在のカレンダーより少し遅いので、行事によっては旧暦でやり直してもいいのです。

食器はいいものを

忙しいと、どうしても簡単な献立が続きがちです。

栄養素さえ足りていれば、献立が単調なことには何の問題もないと思いますが、変化のない食卓に飽き飽きしてしまうと、食事が楽しいものになりません。

食べているものは代わり映えしなくても、食器が素敵なものであれば、気分よく食事ができます。数を多く持つことは、管理の手間と収納空間を必要としますから、たくさん持つ代わりに、少し高価でも、飽きのこないいいものを使うほうがいいでしょう。

収納の関係でいろいろな食器を持てなくても、箸置きなら小さいので、たくさん揃えておき、季節感を出すことができます。春は桜のモチーフ、五月には鯉のぼり、夏はガラスものなど、さまざまな箸置きがあります。季節ごとにまとめておき、季節が変わったら入れ替えておけば、探すのに手間取ることもありません。

グラスのいいものは、繊細で割れやすいので、毎日使うには不向きですし、漆や金縁のものなどは電子レンジで使えません。食洗器を使う場合も、向かないものがありますから、自分の生活に合ったものを探しましょう。

市販のお惣菜を買ったとしても、買ってきたパックのままではなく、お気に入りの器にあけて出せば、洗い物は増えますが、「我が家のごはん」感が出るものです。

ほんの少しの「隠し味」

みんなが「きちんとしたごはん」に望んでいるものは、必ずしも「手の込んだ、難易度の高い料理」ではないと私は思っています。

簡単でも、ありふれていてもいいから、うちで食べるごはんは「うちだけのオリジナル」であってほしいと、みんな思っているのではないでしょうか?

たとえば、カレー。多くの家が、「うちのカレーの隠し味」を持っているようです。「トマトの水煮を加える」「醬油とウスターソースを入れる」「仕上げにチョコレートをひとかけ混ぜる」などさまざまです。

必ずしもスパイスから作っているわけではなく、土台は市販のカレールーであっても、そこにひと手間加えることで、「我が家の味」ができるというわけです。

有名なテレビ番組で、こんな実験をしているのを見たことがあります。何人かの主婦に「我が家流のカレー」を作らせ、それをプロが試食して採点する、という趣向です。皆さん、それぞれの作り方でいろいろなものを「隠し味」に入れていました。

ところが、完成したカレーを試食採点したところ、「パッケージに印刷されたマニュアル通りに作り、よけいなものは何も入れない」作り方をした人のカレーが、いちばん高評価でした。その後の解説によれば、

「メーカーが研究を重ねて、万人受けする味になるように設計されているので、市販のカレールーを使うときはよけいなことをせず、マニュアル通りに作るのがいちばんおいしい」とのことでした。そのときの、「隠し味」を入れた主婦たちのがっくりした反応…。

確かに、メーカーが想定した味は「正しくおいしい」ものでしょう。余計なことをせず、ましてや「隠し味」など必要ないように作られているのでしょう。

でも、と私は思うのです。みんなが求めているのは、「正しいおいしさ」ではなく、「我

が家の味」なのではないかと。

どんなに正しかろうが、万人においしかろうが、それはメーカーの味でしかないのです。一からスパイスを配合して作ってはいられないから、市販のルーを使うけれども、そのままでは「我が家の味」にはなりません。

だから、必要ないと言われようが、「隠し味」が必要なのです。「隠し味」は、メーカーの味を消すマーキングのようなものかもしれません。

「おいしさ」の平均値はあるでしょう。「正しい献立」もあるでしょう。しかし、ほんとうの「正解」は、百人いたら百通りあるはずです。それは、自分の中にしか、その家族の中にしかないのだと思います。

自分が求めているものは、もしかしたら少し平均とはズレているかもしれません。でも、きっとそれが正解。「きちんとしたごはん」って、そのことではないでしょうか？

だから、「自分だけの隠し味」を入れていいんです。それがきっと、ごはんを作るときの満足感、充実感につながるのだと思います。

知っておくと便利な時短レシピ

忙しくても、疲れていても、自分で作ったごはんは元気が出ます。決して豪華じゃないけど、時間がなくてもパパッと作れるレシピを集めてみました。

仕事や育児に忙しい友達から教えてもらったレシピもあります。SNSに上げるためじゃなく、日々を生き抜くための「ちょうどいいごはん」です。

ごはんと汁もの

とにかく時間がなくて、それでもおなかをすかせた家族に温かいものを食べさせたい！　というときに、短時間でできるごはんものです。炊き立てごはんがあればベストですが、冷凍ごはん、パックごはんでも作れます。

ごはん１合は、炊き上がり 330 ～ 350g、中位《ちゅうくらい》のお茶碗２膳分です。

ごま油おにぎり：ホントに何もないとき

ごま油……ごはん２膳分につき、大さじ1/2
塩……適量

炊き立てごはん、または温めたごはんにごま油と塩を混ぜ込み、おにぎりにする。

わかめスープ：ごま油おにぎりのお供に

乾燥わかめ……１人分につき小さじ１杯
ねぎ……１人分につき２～３センチ分、薄い斜め切りに
粉末中華スープ……小さじ１

１人分につき 200ccの水を鍋に入れ、沸騰したら材料すべてを入れて煮る。あれば白ごまを浮かべ、好みで胡椒をふる。

手巻き寿司

ごはん２膳分につき、

酢……大さじ１と1/3
砂糖……大さじ１と1/3
塩……小さじ1/2
焼き海苔……１枚

具はあるもので（ツナマヨ、きゅうり、刻んだ漬物、アボカド、かにかま、冷凍食品の揚げ物を温めて一口大に切ったものなど）。

牛乳パックおにぎり

急いでたくさんのおにぎりを作りたいときに。ごはんにふりかけを混ぜこみ、牛乳パックに海苔を敷いて三角に巻く。パックを取り、適当な大きさに切る。
三角にこだわらなければ、巻きすで海苔巻き状に巻いてもよい。

折り目にハサミを入れて解体し、
底の部分を切り取って長方形にする。

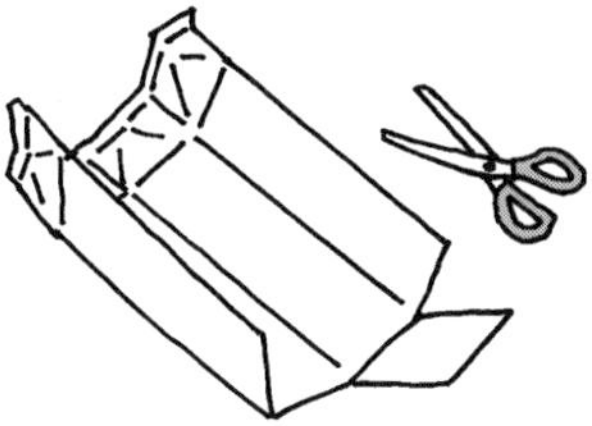

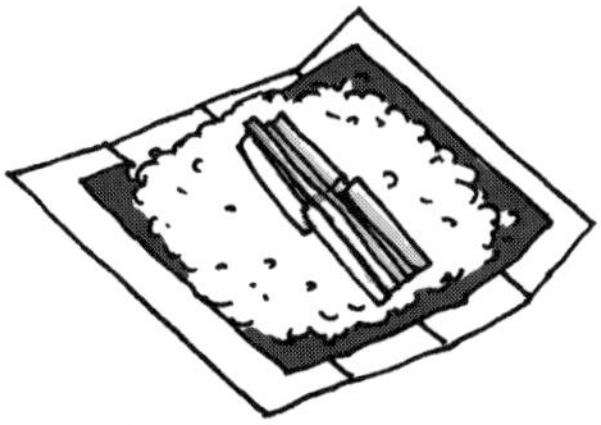

何か具をのせても

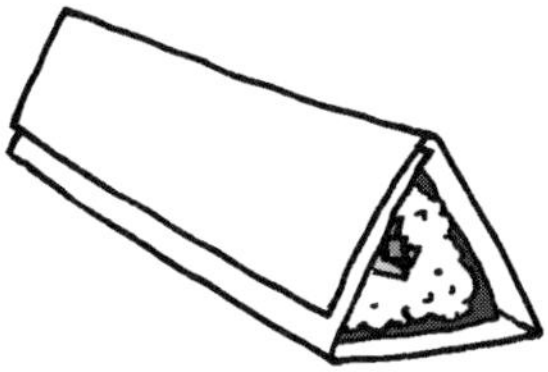

ミートソースオムライス：
ボリュームのあるごはんが食べたいとき

４人分

缶詰ミートソース……260ｇ１缶
ごはん……５～６膳
卵……６個
牛乳……大さじ２

ミートソースをごはんに混ぜこんでおく。牛乳を混ぜた卵をフライパンに広げて焼き、上側がまだ半熟のうちに、半分に折りたたんで皿に上げておく。４枚作ったらそれぞれミートソースごはんの上にのせて、好みでケチャップをかける。卵にピザ用チーズを混ぜても◎。オムレツを目玉焼きに変えればさらに時短に。

ミネストローネ風トマトスープ：おなかがすいたときに

ショートパスタも一緒に煮れば、ごはん代わりに。

１人分

玉ねぎ……1/4個
ベーコン……1/2枚
冷凍ミックスベジタブル
……1/2カップ
トマトジュース……200cc
コンソメスープの素……1/2個

玉ねぎは１センチ大の角切りにして、同様に切ったベーコンとサラダ油で炒める。玉ねぎが透き通ってきたらトマトジュースを入れる。煮立ってきたところで冷凍ミックスベジタブルとコンソメスープの素を加え、さらに一煮立ちしたら完成。粉チーズをふっても。

片づけのラクなメイン料理

時間がないけど、肉や魚のしっかりおかずのあるごはんが食べたい！　というとき、最速で作れて、後片づけも簡単なメインおかずです。これにごはんと漬物、インスタントでもいいので汁物があれば、定食メニューに。

フライパンで焼き魚

フライパンにオーブンシートを敷き、塩をふった魚をのせ（皮目を下にする）、フタをして弱火で焼く。火が通ってきたらフタを取り、少し火を強めて皮をパリッとさせる。

魚焼きグリルを洗う作業がいらず、ラクに焼き魚が作れる。

豚肉の醤油煮

豚ロースブロック（500 g程度）を、酒・醤油・みりん各1/2カップ、しょうがのスライス1片分、ねぎの青い部分を合わせた鍋に入れて中火で煮る。時々、中まで金串を刺して、出てくる汁が透明になったら完成。粗熱がとれたらスライスし、煮汁に浸けて保存する。和辛子をつけてそのまま、またはサンドイッチの具にしたり、チャーシューのようにチャーハンやラーメンに使っても。

じか焼き挽き肉ステーキ

合い挽き肉をパックから出し、油を引いたフライパンに押し付けながら焼く。火が通ってきたら返して裏も焼き、人数分に切り分けて、好みのたれで食べる（おすすめは、醤油にわさびを溶きレモン汁を加えた「わさびレモンソース」）。

鶏のトマト煮

鶏もも肉（1枚で約2人前）を一口大に切り、塩胡椒する。潰したにんにく1片と油大さじ1を鍋に入れる。火にかけて香りが立ったら、もも肉を入れて皮目から焼きつける。軽く火が通ったところで、トマトの水煮缶を汁ごと鍋に入れ、一煮立ちしたらできあがり。盛りつけてからピザ用チーズをのせてもよい（余裕があれば、玉ねぎや茄子、アスパラガスなど野菜を増やすと豪華に）。

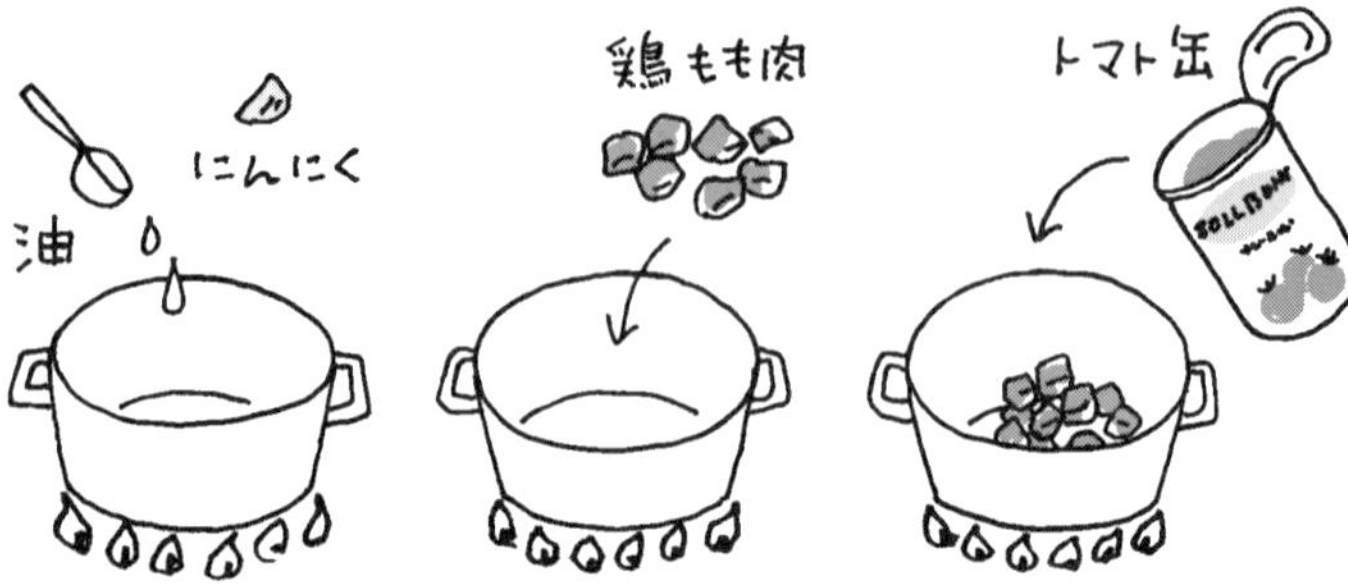

野菜1種類だけ料理

冷蔵庫に野菜が1つしかなくてもできるサイドディッシュ。付け合わせやお弁当のおかずになります。

にんじんサラダ

にんじん中1本を細めの千切りにする（千切り用スライサーを使ってもよい）。マヨネーズ大さじ2におろしにんにく少々、醤油小さじ1、あればすりごま小さじ2を混ぜ、にんじんを和える。

茄子の炒め煮

茄子1本は乱切りにしてサッと水にさらし、水気をふき取る。フライパンに油大さじ1を熱して茄子を炒め、油が回ったら、みりん大さじ1と醤油小さじ1を加えて混ぜ、火を止める。あれば、おろししょうがや大葉の千切りをのせて食卓へ。

ピーマンの素揚げ

ピーマン大1個は5ミリ幅程度の千切りにし、素揚げか炒め焼きにする。塩胡椒をふるか、醤油小さじ1/2をかけてできあがり。あれば、ちりめんじゃこを一緒に揚げてもおいしい。

放置系料理

保温調理や湯せん調理など、最初に少し手をかけるだけで、放ったらかしておくうちにできあがる調理法もあります。

保温調理なら朝仕込んで夕食に、夜仕込んで翌日に食べられます。

湯せん調理は、袋ごとに味を変えることができて便利です。

保温調理

保温調理は、一度沸騰させた鍋を保温することによって、余熱で食材を柔らかくする調理法。光熱費が最小限で済み、つきっきりでいる必要がなく、調理時間も少なくて済むのが魅力。専用の鍋がなくても、トロ箱（発泡スチロール箱）があれば保温調理はできる。

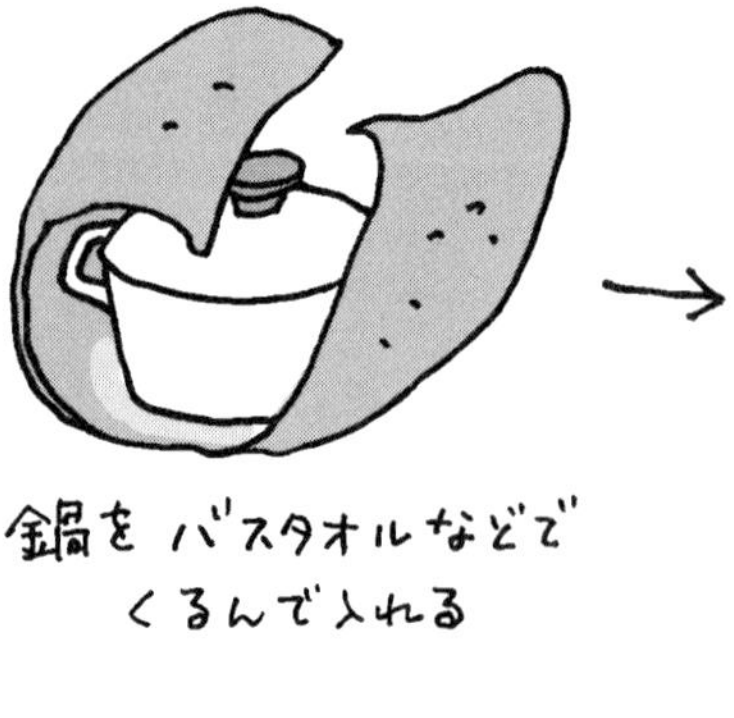

カレーライス

用意するもの……手持ちの鍋がすっぽり入る大きめのトロ箱、バスタオルや古毛布

市販のカレールーは包丁で刻んでおく。カレーの具材を炒めて水を入れ、沸騰したところで火からおろす。刻んでおいたカレールーを鍋に入れてかき混ぜる。

フタをした鍋をバスタオルか古毛布でくるんでトロ箱に入れ、半日（5時間程度）放置する（朝仕込んでおけば、鍋の中は夕方まで熱々）。トロ箱から出した鍋をもう一度火にかけ、カレールーをよく溶かして完成。

＊この調理法は、カレーだけでなく煮物全般に応用可能（シチュー、おでん、豚汁、筑前煮、チリコンカンなど）。煮物なら家族の帰宅時間がまちまちでも、各自で温めて食べられる。

湯せん調理

湯せん調理は、具材と調味料をポリ袋に入れて密閉し、湯せんにかけて作る調理法。しっとりとした仕上がりと、個別に調理すれば同じ素材を味を変えて（薄味としっかり味、大人向けに辛い味付けなど）作れる点が魅力。

しっとり鶏ムネ肉

塩胡椒した鶏ムネ肉をポリ袋に入れる。袋の空気を抜いて口をしっかり縛り、大きめの鍋で沸騰させたお湯に入れる。ごく弱火にかけ20分保温したら、火を止めて完成。

好みで袋にローズマリーなど、スパイスやハーブを加えてもおいしくなる。スライスしてマヨネーズやわさび醤油で食べたり、パスタやグラタンなどの具にしても。

ブリの煮付け

切り身１枚につき、醤油大さじ 1/2、砂糖大さじ 1/2 をポリ袋に入れる。沸騰させたお湯に入れ、火を止めて 20 分おく。

サバの味噌煮

サバ１切れにつき、味噌小さじ１、砂糖小さじ１を混ぜたものと、しょうがの千切り少々をポリ袋に入れ、ブリと同様に調理する。

簡単お菓子

今やさまざまなお菓子を手軽に買うことができますが、簡単でも「我が家で作ったお菓子」は格別なもの。身近な材料ですぐに作れるものを紹介します。

バナナとゆであずきのココナッツミルク

バナナは一口大に切り、缶詰のゆであずきと一緒に小鉢に盛る。そこに、ココナッツミルクを注ぐ。少し牛乳を混ぜてもおいしい。

揚げスパゲティ

スパゲティを180度の油でサッと揚げ、塩をふる。カレー粉を混ぜたカレー塩や、ガーリックパウダーを混ぜたガーリック塩も合う。揚げ鍋が小さいときは、スパゲティを半分に折って。

ジャムパウンドケーキ

室温に戻したバター70gに砂糖30gを加えて混ぜる。白っぽくなったら、卵2個、小麦粉120g、ベーキングパウダー小さじ1の順に混ぜていく。好みのジャム大さじ3、レモン汁小さじ3、バニラエッセンス少々も加えて混ぜ、型に入れる。170度に予熱したオーブンで30分焼く。

缶詰料理

非常食にもなる缶詰は、下ごしらえの手間が省けるので時短料理に向いています。ローリングストックを実践するためにも、日常の食事のなかに缶詰を使った料理を織りこんでおきましょう。

定番の味付き缶詰はそのまま食べればいいですが、水煮やオイル漬けなど素材缶は料理に使いやすいので、一定数準備しておくとよいでしょう。

魚の水煮缶・オイル漬缶

チゲ鍋の具として

鍋にごま油大さじ１を熱し、缶の中身を空けて炒める。水と野菜、キムチ（汁も）を加え、味噌や醤油で味を調えてできあがり。

パスタの具として

オリーブオイルにつぶしたにんにくを入れて炒めたところに、汁気を切った缶詰の中身を空けて炒める。ゆでたパスタを加え、塩胡椒で味を調える。醤油で和風にしてもよい。夏は、おろしにんにくと和えた缶詰の中身に、ゆでて氷水でしめたパスタを加え、レモンとオリーブオイルで和え、塩胡椒したサラダパスタにも。

炊き込みごはんの具として

炊飯するとき、米の上に缶詰の中身を汁ごと空け、少量の酒と醤油、刻みしょうがを加え（水は調整する）、普通に炊く。炊きあがりにもみ海苔や刻んだ大葉を散らしてもよい。

マリネに

缶詰の中身を汁ごと器に空け、薄切りして水にさらして絞った玉ねぎと塩胡椒で和え、レモン汁（酢でも）とオリーブオイル（水煮缶の場合のみ）をかけて冷やす。きゅうりやトマトを添える。

うずらの卵缶

おつまみ、お弁当に

塩味をつけたり、醤油漬けにした卵を、一口大に切ったきゅうり、チーズ、プチトマトと一緒にピックに刺す。

うずら串

うずらの卵を３～４個ずつ竹串に刺し、フライ衣をつけて揚げる（パン粉は細かいものを）。

あさりの水煮缶

深川飯

炊飯時にあさりの缶（汁ごと）と酒、醤油を入れて炊き、刻みしょうが、刻みねぎ、もみ海苔を散らして出す（米3合、酒・醤油各大さじ1、水は少な目に調整）。味付きのあさり缶を白ごはんにのせ、熱い味噌汁をかけてもよい。

クラムチャウダー

粗みじんに切った玉ねぎ中1/2個とにんじん1/2本、さいの目に切ったベーコン50gをバターで炒める。小麦粉大さじ1を少しずつふり入れてなじんだら、固形コンソメの素1個を砕いて入れ、あさり缶を加える。牛乳700ccを少しずつ混ぜて沸騰させないように加熱する。

あさり串

あさりは汁気を切って6～7個ずつ竹串に刺し、フライ衣をつけて揚げる（パン粉は細かいものを）。

豆の缶詰

サラダに

大豆、ひよこ豆、キドニービーンズなどの水煮缶の水を切って、玉ねぎのみじん切りとレモン汁、オリーブオイルで和え、塩胡椒で味を調える。トマトやきゅうりも合う。ここにひじきの水煮缶、ツナ缶などを混ぜてもよい。

乾物料理

缶詰と同様、保存性が高く非常食としても使える乾物。使い慣れておけば、日常の食卓も豊かになりますし、非常時にも違和感なく食べられます。残ってしまった乾物を一度に使い切れるレシピを集めました。

お麩

麩ちゃんぷるー

水で戻した麩を絞り、卵液を含ませて、油を熱したフライパンでサッと炒める。麩を取り出したフライパンで、豚小間切れ肉、切った野菜（にんじん、キャベツ、もやしなど）を炒め、塩胡椒で味を調えて麩を戻す。盛り付けて削り鰹をのせる。

麩の肉巻き唐揚げ

水で戻した麩を絞り、水で薄めたしょうが焼きのたれを含ませ、軽く絞る。麩に豚バラ薄切り肉を巻きつけ、片栗粉をまぶして170度で揚げる。

高野豆腐

ハムチーズサンド

水で戻して絞り、半分にスライスして間にハム、マヨネーズ、チーズをはさんで、油を引いたフライパンで軽くきつね色になるまで両面を焼く。

パン粉として

パン粉が切れたとき、すりおろしたりミキサーやフードプロセッサーで砕いたものをパン粉代わりにできる。ハンバーグのつなぎ、揚げ衣として。グルテンフリーにも使える。

わかめ

わかめとねぎのごま油炒め

水で戻して絞り、薄い斜め切りにしたねぎとともに熱したごま油で炒め、仕上げに醤油で味を調える。いりごま、七味をふって盛りつける。

その他の乾物

干ししいたけ、干しエビ、ひじき、きくらげなど、いろいろな乾物が少しずつ残ってしまったとき

焼きビーフン

乾物はすべて水で戻して細く切る（戻した水も一部使う）。野菜（キャベツ、にんじんなど）を細く切り、豚小間切れ肉とともに熱した油で炒める。戻した乾物を入れ、粉末中華だしと醤油で味付けをする。乾燥ビーフンを戻さずに加え、全体に乾物の戻し汁をカップ１杯くらい回しかけてフタをする。中火で１、２分加熱すればできあがり。

たれとドレッシング

各種たれやドレッシングは、さまざまなものが市販されており、おいしいものもいろいろあります。しかし、作り方がわかっていれば、切らしたときに困りませんし、いろいろ試しながら家族の好みの味に作れるのはいいものです。

作り置きするとき、市販のドレッシングボトルの空きビンを使い、調味料の分量をそれぞれ底からの位置にマジックペンで印を付けておくと、毎回計量せずに作ることができます。その際、油は軽いので最後（一番上）に入れてください。

万能だれ：煮物、照り焼き、丼物などに

醤油……1/2 カップ
みりん……1/2 カップ
酒……1/2 カップ

和風醤油ドレッシング

醤油……100cc
酢……30cc
サラダ油……30cc
粉末和風だし……大さじ 1
みりん……大さじ 1

しょうが焼きのたれ：肉料理全般に

醤油……1/2 カップ
みりん……1/4 カップ
酒……1/2 カップ
おろししょうが……親指大分
(好みでおろしにんにく小さじ 1)

フレンチドレッシング

酢……50cc
サラダ油……150cc
塩……小さじ 1
胡椒……少々

これらに、好みで各種スパイスやごま、青じそや玉ねぎのすりおろしなどを加えれば、いろいろな味が楽しめます。その他、市販のおいしいドレッシングを見つけたら、ラベルの成分表を見て、カンを頼りに味を再現してみてもいいでしょう。

電気なしでごはんを炊く

電気炊飯器があれば、ごはんを炊くための技術は必要ではありません。しかし、ひとたび電気が止まったり、炊飯器が故障したとき、ごはんを炊けなくなってしまうとしたら不便です。

50年ほど前まで、日本人の大半は電気なしでごはんを炊く技術を持っていました。自分で火を起こして薪を燃やしてとまではいかなくても、鍋とカセットコンロの火でごはんを炊ければ、それは確かな自信となって私たちを守ってくれるのではないでしょうか。

鍋とカセットコンロでごはんを炊く方法

米を研いで鍋に入れ、水を加えて20分以上浸す（米１合につき水200cc）。中～強火にかけ、沸騰して２～３分経ったら火を弱める（フタに穴がついていない鍋を使う場合は、フタがガタガタいってきたところでフタを少しずらす）。鍋の中の水分が引いてきたら様子を見ながら火を止め、鍋をコンロからおろして10分ほど蒸らす。蒸らし時間が十分なら、多少焦げても鍋にこびりつかない。

＊鍋は土鍋がベストだが、ステンレスやホーローの厚手の鍋も炊飯に向く。フタは重いほうがよい（薄手の鍋でも炊けないことはなく、炊こうと思えば、ポップコーンの入っていたアルミの鍋でも炊ける。その場合、火加減に注意する）。

味噌汁のだしの取り方

粉末のだしも便利ですが、自分でだしを引いてお味噌汁や和食を作ることで、気持ちにゆとりが生まれます。いい香りにも癒されます。

ただし、汁物にたくさんの種類の具を入れたり、油けのある具を使う場合は、だしは必須ではありません（油で炒める豚汁やけんちん汁、油揚げや油麩を入れるものなど）。魚のあらで作るあら汁、あさりやしじみなど貝の味噌汁も同様です。

煮干しのだし

いちばん手軽でローコスト。寝る前に煮干しを人数分、水につけておけばよい（夏場はガラス瓶や密閉容器を使い、冷蔵庫に入れ、作るときに水を足す）。
煮干しは頭とワタを取り、乾煎りしておけばよりおいしくだしが取れるが、取らなくても差し支えない。その場合、冷凍庫で密閉保存すると酸化が防げる。急いでいるときは、味噌汁を作る直前に水に入れても大丈夫。

・ほかにも使おう……青菜と油揚げと一緒に炒め煮にし、みりんと薄口醤油で味をつけたものも手軽なお惣菜になる。

鰹節のだし

熱湯にだし用の削り鰹を多めに入れて（水１ℓにつき削り鰹30g程度）、グラッと煮立ったら網じゃくしですくい取る。そこに具を入れて、煮えたら火を止めて味噌を溶く。削り鰹のかけらが少しくらい残っても気にしない。

＊小分けパックになっている細かい削り節は、冷ややっこなどにかけるのに向き、だしを取るのには使わない。だしにはだし取り用のものを買おう。

・ほかにも使おう……冷めたら醤油を加えて割り醤油にし、おひたしや揚げ出し豆腐などにかける。減塩の効果もあり。

合わせだし（鰹と昆布）

何にでも使えるので、煮物などをまとめて作りたくなったら、多めに作っておく。

昆布を水に浸しておき、火にかけてグラッとしかけたら引き上げる。さらにその水が沸騰してから削り鰹を入れて、再び沸騰しかけたら火を止め、すぐにペーパータオルなどで濾す（水１ℓにつき昆布15g、削り鰹25g程度）。残ったら製氷皿などに入れて冷凍し、早めに使い切る。

＊だしを引いたあとの鰹や昆布は（昆布は細かく刻む）、醤油とみりんで味を付ければ、ふりかけや佃煮として食べられる。ただし、その暇がないなら無理してだしがらを取っておかないこと（冷蔵庫が片づかなくなってしまうので）。

第3章 居心地のいい家の作り方

目指すは、「こざっぱり」が続く暮らし

ポイントは五か所！　片づけの優先順位

「ちょうどいい暮らし」にふさわしい家って、決して豪華でおしゃれ！　ではないと思います。忙しい毎日のなかでも、ムリなく片づけられて、こざっぱりした、居心地のいい家、「そこそこ片づいた家」でいい。

でも、「そこそこ片づいた家」にしておくことがまず、タイヘンなのですね。

買い物とごはん作りと片づけ、子供やおばあちゃんの世話、洗濯にゴミ出しなど、待ったなしの家事のなかで、「片づけ」はできなくてもとりあえず暮らしは回るので、どうしても後回し。気がつけば、かなりの時間をかけないと片づかないレベルにまで散らかってしまうこともあるはずです。

「時間ができたら片づける！」

「気がついたときに片づける！」

と思ってはいても、時間なんていつまで経ってもできないし、気がついたって、片づける気力があるとは限りません。

「片づけ」って、ものすごく単純に言うと、「目の前にある邪魔なものを1個ずつ消去して（適切な場所にしまって）いくこと」なんです。

「いっぺんに全部きれいにしたい！」と、時間と気力がたまるのを待っているより、今、目の前にあるものを1個片づければ、悩みは1個分減ります。一気に１００％を目指すより、1個でも減らして、一歩ずつ前進したほうがきっと早道です。

でも、疲れた頭では、どこから手をつけたらいいかわからなくなってしまうこともありますよね。そんなときのために、「とりあえず居心地のいい家にする」ための必須ポイントを頭に叩きこんでおきましょう。

リビング

リビングの最重要事項は、「床にものを置かない」こと。

玄関や階段、個別の部屋の床にも何かしらものを置いてしまっている家がありますが、これは散らかりの大もとでもありますし、防災上も危険なことです。幼児や高齢者がいる家では、特に避けなければなりません。

届いた宅配便や束ねた新聞・雑誌の束、ペットボトルのケースなどを何となく置いてしまいがちですが、ほかは片づけなくていいので、まずそれだけを撤去してあるべき場所に移しましょう。

床に何もなくなったリビングは、急に片づいて、広く見えます。実際に、歩いていて障害がないので動作がスムーズになりますし、家具やドアの開閉もラクになります。お掃除ロボットだって使えますよ。

食卓の上

食事をしていないときは、なるべく食卓に何も置かないよう努めましょう。

日本人の暮らしは、囲炉裏やちゃぶ台といった〝食〟の空間を中心に営まれてきたので、食事のとき以外も、食卓の周りで過ごす傾向があります。読書や家事、宿題のほかさまざまな作業を、食卓で行う家庭は少なくありません。

したがって、食卓をきれいに保つことは、家で過ごす大半の時間を快適に過ごすことに通じるのです。

台所のシンク

家の中でも最も多くの種類と数のものが集まる台所。すべてをいつもきれいに整えておくのが難しいとしても、シンクだけは、一日一度でもいいので、何もない状態を取り戻すようにします。

一日じゅう出る洗い物をすべてきれいにし、片づける時間を持つことは、イライラした気持ちをなくして心を整えるためにとても重要です。

こういった「戻す」作業については、主婦一人だけができればいいのではなく、家族全員がある程度できなければ意味がありません。ぜひ家族にも戻す場所を覚えてもらい、スキルを共有するようにしましょう。

玄関

家を出入りするときはたいてい急いでいるため、玄関は通過するだけの場所となってしまっているかもしれません。しかし、靴を脱いで暮らす日本では、気をつけていないと、玄関たたきに靴がたまってしまうことがあります。靴だらけの玄関、しかもそれが散らかっていれば、帰宅時のストレス倍増です。

出しっぱなしの靴はなるべくなくし、出しておくとしても一人一足までに。急いでいてそれが無理なのであれば、脱いだ靴を揃える習慣を定着させるだけでも、ドアを開けて目に入る光景はまったく違ったものになります。

洗面所

洗面所は、汚れを落とす場所だけに、その場所自体が汚れやすいものです。舞い落ちたホコリや髪の毛が水はねで固定されやすいわりに、家族各人が使用する化粧品類のカラフルなボトルが林立しているため、ゴチャゴチャして見えますし、掃除がタイヘン。

なるべくサッと簡単に掃除ができるよう、ボトル類を背の高いケースやかごに入れるなど収納を工夫し、余計なものを置かないようにすることで、洗面所がスッキリ、使いやすくなります。

手始めに、この五か所から取りかかってみてください。

忙しい仕事があったり、世話の必要な家族がいたりすれば、きれいな状態をずっと保つことは簡単ではありません。しかし、たとえ一か所でも、見るたびホッとする空間があることは、とても大切なことです。

よく、「ホコリじゃ死なない」などと言いますし、それは実際その通りです。家が散らかっているからといって、（いやな表現ですが）ただちに健康に影響が及ぶことはありません。

しかし、**乱雑な家に暮らすことは、確実に心の健康を損なっていく**のです。散らかった空間、汚れたシンクを思い出すたび、無意識のうちに心は痛みます。それは自尊心の痛みです。

「自尊心」って「見栄」とか「プライド」とは違います。「誰かに見せて自慢するため」ではなく、「自分で自分にＯＫが出せる」、つまり自己肯定感のことで、実はとても大切なもの。

家の中に、一定の片づいた場所が確保できれば、自尊心は保たれますし、そこを拠点にして、家全体を居心地のいい場所にしていくことができます。

誰かのおしゃれな家とではなく、「昨日の我が家」と比べたとき、少しでも居心地がよくなっていれば、それがベストなのではないでしょうか。

まずはここから！　片づけのポイント

リビング

床にじか置きしてあるものを片づけるのが最優先。
それらがなくなれば広く見えるうえ、動作がスムーズになる。防災上も安全。

食卓の上

食事のとき以外は、なるべく何も置かないようにする。
食卓がいつもきれいだと、家で過ごす時間がグンと快適に。

台所のシンク

一日に一度でもいいので、「シンクに何もない状態」を取り戻す。洗い物がすべて綺麗になると、気持ちが落ち着きやすくなる。

玄関

靴でいっぱいになっていると、帰宅時のストレスが大きくなる。出しっぱなしの靴はできるだけ少なくしておこう。

洗面所

汚れやすい場所なので、掃除しやすいようにしておくのが大事。なるべく余計なものを置かないようにする。小物はトレイや箱などにまとめると片づけやすい。

ためこまないようになる「四つのルール」

「ちょうどいい暮らし」では、おしゃれさよりも「こざっぱり」を優先します。「片づけやすく、掃除がしやすい」「なるべくなら、片づけも掃除も最低限で済む」家。忙しくても気力がなくても、居心地のいい状態をキープしていける家を目指しましょう！

片づけやすい家にするには、なるべくものを減らし、ためこまないことが先決です。といっても、「捨てる」ことは時間も気力も必要で、言うほど簡単ではありません。

ここでは、「ものがスムーズに家から出ていくように仕向け、ためこまず、今あるものも邪魔にならない」ようになるための行動を、四つだけ挙げておきます。

1 自治体のゴミ出しルールを熟知し、捨てるタイミングを逃さない

何となく捨てられずにいたものも、自分の住んでいる地域のゴミ捨てのルールをもう一度確認してみることで、スッキリ捨てられるかもしれません。今まであいまいだったことがはっきりすれば、捨てるときの躊躇《ちゅうちょ》が減り、不要品をためこまずに済むようになります。

こういったルールを熟知していると、大々的に「捨てる祭り」をするよりも、日常のなかでコツコツ地味に捨てていけるので、長い目で見るとものが減っていくはずです。ゴミの捨て方は、住んでいる市区町村の担当窓口やサイトで確認できます。家の中で何となく捨てられずにいるものを一か所に集めて、一つひとつについて捨て方を調べてしまえば、次からがラクになります。

ゴミ出しのルールを熟知していても、忙しくてつい…、疲れていてつい…という出し忘れが積み重なって、捨てられずにいる不要品もあるでしょう。

粗大ゴミや資源ゴミなど、捨てる機会が限られているゴミについては、カレンダーで家族で共有し、お互いにチェックし合ったり、スマホのアラームを二重三重に設定しておくなど、あの手この手で「捨てるタイミング」を逃さないように。

❷ ものをダブって持たない

なければとても不便なのに、家の中で見失ってしまいがちなため、気がつくと何個も同じものを持っている——そんなものがないでしょうか？

文具用の引き出しやペン立ての中に、何丁ものハサミが並び、たくさんのボールペンが立ててあるのに、使うのは結局、いちばん使いやすい一丁だったり、ボールペンの半分はインクが詰まって書けなかったり。

文具なら小さくて影響がないように見えますが、台所のボウルや鍋、ガレージの工具類など、「ダブって持っているもの」が多くなれば、ものであふれてしまいます。

これらの中から、いちばん使い勝手のいいものだけ残して、あとは処分することで、家の中がずいぶんスッキリします。なかには、持っているだけで役に立ってはいないものも多いはずです。

すべて捨てることができないなら、一か所に同じものを入れておかず、使う場所に1個ずつ分散して置くようにすれば、使うたびに探し回ることもありません。

道具だけでなく、洗剤やティッシュペーパーといった消耗品の予備を持ちすぎるのも、一種の「ダブり」です。消耗品は粗品として無料でもらうことも多いため、家のあちこちに無造作に置いてしまうことも多いようですが、道具とは逆に、一か所に集めることで数を把握でき、管理がラクになります。

不安なら、自分が一か月にどれだけの消耗品を使っているか、記録してみるといいでしょう（トイレットペーパーの芯の内側やティッシュペーパーの容器に交換した日付を書くなど）。

そのうえで、予備はものによって「2個まで」「6個まで」と数を決めて、過剰にためこまないようにしましょう。買い物の不便な地域であっても、三か月分以上ものストックを持つことは、過剰防衛、空間のムダ遣いになってしまいます。

今暮らしている空間を、未来に必要かどうかわからないもののために削るのは、もったいないことです。在庫の数や消耗のパターンを確認し、適正なストックの量について考えてみましょう。

❸ 捨てやすいシステムを作っておく

家の中に不要なものをためこまないためには、ものが出ていくルートをしっかり構築することが必要です。

簡単なところでは、捨てやすいゴミ箱を選ぶこと。洋室なら、口が広く、立ったままゴミが捨てやすい背の高いものが最適ですし、和室なら、座ったまま捨てられる丈の低いもののほうがいいでしょう。12畳以上の広いリビングなら、複数あってもいいですし、台所なら、ペダルを踏んで口が開くものも便利です。

また、デザインがよいことも大切です。素敵なゴミ箱なら、インテリアになじみますし、「捨てる」ことさえ楽しくなるものです。

資源ゴミは、回収の日まで置いておく場所をきちんと決め、見苦しくないように保管できるようにしましょう。資源ゴミは分類が細かいため、種類ごとにゴミ箱を設置するとかさばりますし、ゴミによってはたくさん出る週もあればまったく出ない週もあり、合理的ではありません。ゴミ箱を洗う手間も大変になります。

私は、白い無地のエコバッグを台所の隅に吊るし、そこに資源ゴミを入れ、ゴミを出したら洗濯機で洗ってまた吊るしています。これならたくさんのゴミ箱を管理する手間が要らず、いつも清潔にしておけます。

4 すぐ捨てられないものは収納の一部に

使わないけれど、すぐには捨てられないものもあります。「近所の子にあげようと思っている子供服や学用品」「いただいたけれど使うあてのない新品の食器やタオル類」といったものがそれです。こういった不要品には、通常の収納とは別に、処分することを前提とした収納が必要です。

我が家では、こういったものを置いておく「あげる引き出し」や「バザー棚」を設けています。「あげる引き出し」には、「〇〇ちゃんの家に行くとき／〇〇家の人が来たときあげる袋」が入っていますし、「バザー棚」には、「近所でバザーがあるときに出品する未使用品」が置いてあります。

これらの引き出しや棚は、自分の家であって自分の家でない場所。場所を区切って収納しておくことで、すぐに家から出せるように意識づけられます。

どれも地味ですが、この四つをなんとなく守っていくだけでも、次第にものは減り、片づけと掃除がラクになっていきます。毎日の生活スタイルのなかに組みこんでいってみてください。

暮らしやすい家にするための収納のコツ

快適に暮らすには、多すぎず少なすぎず、過不足なくちょうどいい量のものを持つこと、そして、必要なときに必要なものを取り出せるようにしておくことが大切です。それには、ものが適切に収納されている必要があります。

でも、この「収納」がくせもの。「ものをしまっておく」って、単純なことなのに、やり方によっては家を居心地悪くもしてしまいます。どんな収納なら、すっきり気持ちよく暮らせるのでしょうか。

床置きの収納家具をむやみに増やさない

多くの家には、作り付けの収納があります。玄関には下駄箱、台所には棚、寝室には押し入れやクローゼット。この作り付け収納だけにものがおさまっていれば、家は本来の機能を発揮し、広々と暮らせるはずなのです。

しかし、ものがどんどん増えてしまうと、どうしても、タンスや棚といった置き家具を増やしてしまいがちです。床面積の3分の1以上が家具で占められると、窮屈になります。置き家具を増やす前に、作り付け収納だけでやりくりできないか、もっと検討してみるべきでしょう。

奥、上、下は「ないもの」とする

作り付け収納にしろ置き家具にしろ、収納したら最後、なかなか手の届かなくなってしまう場所があります。奥行のある収納の一番奥、高さのある収納の一番上（天袋など）、腰をかがめ膝《ひざ》をつかなければ届かない床の近くや床下収納がそれです。

これらは本来、「普段は使わないけれど必要なもの」のために使うべき場所です。季節の品や思い出の記念品などがそれでしょう。

しかし、こういった場所はアクセスが悪いため、時として「ものを押し込んで、結局使わなくしてしまう」だけになることがあります。「引っ越したときから次に引っ越すまで、一度も開けなかった」などということも少なくありません。

まったく開けることがないのなら、こういった場所ははじめからないものと考えるのも一つの考え方です。取り出しにくい場所にはものを入れないのです。

私は背が低いので、天袋のようなあまりに高いスペースは「ないもの」として考えています。脚立を使わないと取り出せないような場所に置くようなものは、そもそもほとんど必要がないものであることが多く、結局存在を忘れてしまうからです。

こういう場所に入れたものをいつも忘れてしまう人は、うっかり入れてしまわないように、空き箱を置いたり、紙を貼って塞いでしまい、自分の侵入を自分で防いでもいいでしょう。入れたことを忘れたり、取り出すこと・戻すことを面倒に思ったりしない人は、もちろんそんなことをする必要はありません。

散らかる場所は収納が必要な場所

食卓の上や、カウンターキッチンのカウンターなど、ついついものが集まり、山をなしてしまう場所があります。こういう、いつも散らかってしまう場所こそ、収納が必要な場所なのです。ここには、上置き式の小さな収納ツールが向いています。

小さな上置きとはいえ、収納を増やすときは、慌てて買わないよう気をつけて。まず、散らかっているものの中味を検証し、自分と家族がどんなものをそこに置いてしまうのか、その種類と数を割り出します。それに応じて収納場所を作るのです。

おすすめは、小さい引き出しです。それも、なるべく最小単位のものを、様子を見ながら少しずつ増やしていきます。それによって持ちすぎを防げますし、変化に応じてフレキシブルに組み合わせることができます。周囲の雰囲気に合ったデザインを探しましょう。

収納用品に限りませんが、探すときはネットでも、買うときはなるべく実店舗にして実物を見たほうが、サイズや色などの買い物の失敗を防げます。買いに行く前には置き場所の寸法を計ってメモし、メジャーを持っていくこと。

ラベルを活用する

引き出しや棚に戻すとき、一瞬でも躊躇があれば、収納ルールは崩れていきます。「一番上が文具、二番目は書類…」などと決めても、慌ただしく片づけているときに、「あれ？これはどれだっけ？」などと考えてしまうようではアウト。ものは元には戻らず、文具の中に書類を突っ込んでしまったりするのがオチです。

あまり見た目はよくありませんが、元に戻すのが苦手な自覚があるなら、なるべく、すべての収納に中身を書いたラベルを貼りましょう。それも、恰好よく英文などで書かず（英語が母語の人は別ですが)、ベタに日本語で。疲れていると、簡単な英単語を読む能力さえ不安定になってしまうのですから。

死蔵品は処分候補品と考える

「何年もしまいっぱなしで使ったことがない」ような死蔵品は、処分候補品として考えてよいでしょう。「でも高かったし」「高級品だし」と言うなら、災害があったとき、それを持って逃げるかどうか考えてみてください。

それほど大切なものであれば、そんな奥地にはしまわず、もっと手前に収納しておいたほうがいいでしょうし、美しくて価値のあるものなら外に出し、飾って眺めて楽しむべきです。

使わないものをしまっておくくらいなら、処分してしまい、その場所はものでふさがず空気が通るようにしておいたほうが、カビも生えず合理的です。

使わないのになかなか捨てられないものがいくつもあるなら、まずは一か所に集めます。売れそうなもの、寄付できそうなものは、業者や団体の連絡先を調べ、可能かどうかを問い合わせます。記念の品なら写真を撮ってから処分したり、本や写真ならデータ化することで、体積を圧縮できます。自力で難しければ、街の写真業者などに相談を。売ることも寄付することも、データ化もできない、あるいは問い合わせる気力もないのであれば、それぞれゴミの種類別に分けてしまいましょう。あとは、排出日に決められた場所に出すだけです。家族にも協力してもらいましょう。

とはいえ、飾ることも難しい思い出の品は誰にでもあります。それらは「過去へのトンネル」「思い出の玉手箱」として、「この箱一つ分だけ」などとルールを決めて、増やしすぎないよう気をつけながら、大切にしていきましょう。

暮らしやすくなる「収納のコツ」

むやみに収納家具を増やさない

置き家具を増やすと部屋は狭くなってしまう。家具を購入する前に、作り付けの収納だけでやりくりできないか検討しよう。

奥、上、下は「ないもの」とする

奥行きのある収納の奥、高さのある収納のいちばん上、床下収納など、手の届きにくい場所に入れたものは、結局使わないことになりがち。はじめからないものと考えるのも一案。

散らかる場所は収納が必要な場所

いつも散らかっている場所があれば（食卓の上、キッチンのカウンターなど）、収納場所を作る。

使い勝手のいい収納にするには、家具を買う前に「散らかっているものの種類と数」を検証しておくとよい。

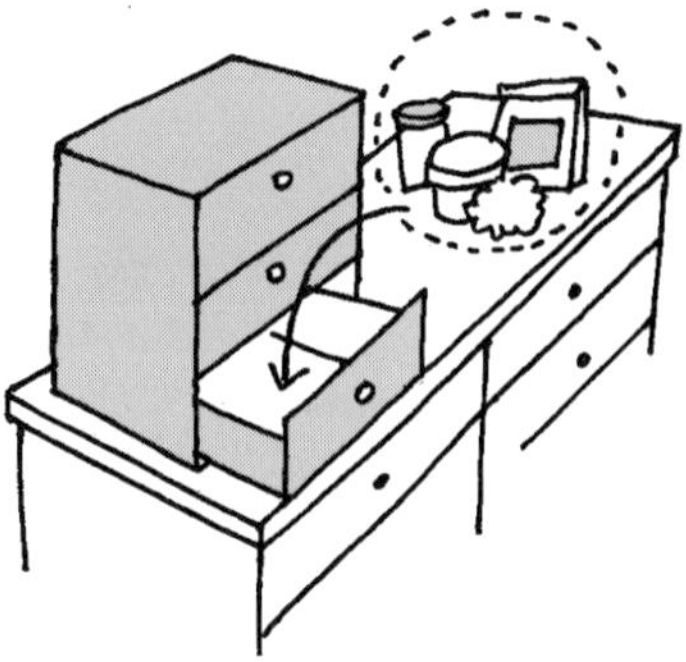

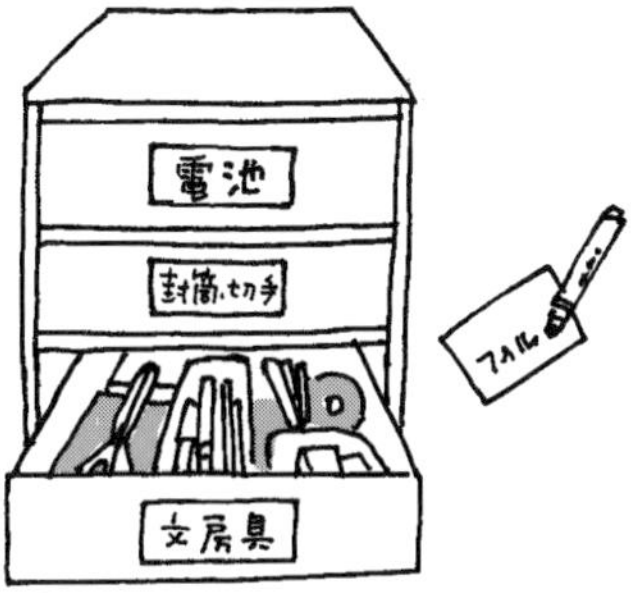

ラベルを活用する

ものを定位置に戻すのが苦手な人は、引き出しや棚の表面に、中身を書いたラベル貼っておこう。

忙しいときでも、戻し間違いを防ぎやすくなる。

死蔵品は処分候補品と考える

ずっとしまったままで何年も使っていないものは、なるべく処分しよう。

なかなか処分できないものが複数あるときは、まず一か所に集め、「売るもの」「寄付するもの」「捨てるもの」に分類する。

「基本動作のインストール」で片づけがラクに

誰だって、片づけなんて面倒です。うんときれいに片づけて、そこから二度と散らからなかったらどんなにいいでしょう。

しかし、「二度と散らからない片づけ」などというものは存在しません。収納システムはそれを助けてはくれますが、収納だけ立派でも、自動的に片づくわけではありません。片づけるのは〝人〟しかいないからです。

人がそこで暮らす限り、部屋は散らかるものだし、それを止めることはできません。私たちは生きている限り、片づけ続けるしかないのです。だからこそ、「片づけなくては」という気持ちにつきまとわれたり、極端にものが少ない暮らしに憧れたりするのでしょう。

「でも、いつも片づいているお宅もあるじゃない？」

確かにそうですが、実は、そういうお宅だってちゃんと散らかっています。ただ、そういうお家は、「散らかる ↓ 片づける」の間がとても短いので、散らかっている場面を見ることのない他人にとっては、あたかも散らかっていないかのように見えるだけなのです。
また、散らかってもすぐに片づけていれば、一度の片づけ作業量は少なく、すぐに終わります。

では、どうやったら短い時間のうちに片づけることができるようになるのでしょうか。
一つには、前項で述べた「片づけやすい収納」が必要ですが、もう一つ、**生活のなかに「片づける基本動作」を組みこんでしまう**ことが必要です。

サッカーならパス、ドリブル、トラップ。バレエであればプリエ、ポワント、アラベスク。基本となる姿勢や動きを地道に練習し、身につけることで、的確なプレイや美しい踊りができるようになります。

片づけにも、そんな「身につけるべき基本動作」があります。子供のうちにそれができていれば、一生苦労なく片づけることができるようになるでしょう。

でも、子供のうちに身につけることができなくても大丈夫。大人になってからだって、基本動作は十分身につけることが可能です。少々時間はかかりますが。

次の四つの基本動作を身につけて、自分の中に（ぜひ家族にも）インストールしてしまいましょう。散らかることが少なくなり、片づけがだんだんラクになります。

揃える

食卓や机など、平面上に複数のものがあるとき、てんでんばらばらに置いてあったら、雑然として見えてしまいますが、これを「食卓（机）のタテヨコどちらかの線に合わせて、隅に揃えて置く」ようにしたらどうでしょう。一転、整って見えます。

置いたままにせず、すぐに片づけられればベストですが、それができないときは、「揃えて置く」ようにするだけでも、散らかって見える度合いはグンと低くなります。

集める

部屋がひどく散らかって、たくさんのもので雑然としてきたら、「同じ種類のものを一か所に集める」ようにします。まずは、「布（衣類）の山」「紙（書類や本）の山」「その他の山」のように、ざっくりした分類で集めます。

集めたら、その山の中で大きさや種類別に分類していくのですが、時間切れになりそうなときは、カゴ（重ねられるもの）に入れておいてもいいでしょう。すべてを分類・収納する時間はなくても、床や食卓、家具の上など平面が片づいていれば、最低限の分類はでき、かつ片づいて見えます。

重ねる

食卓の上など、平面上にたくさんのものが集まって、「隅に揃えて置く」だけではいっぱいになってしまう場所は、「同じ種類のものを集めて、大きなものから順に積み重ねる」ことで、ものが占めている面積を減らします。

ここまでやると、「あるべき場所にしまう」こともラクになってきます。

畳む／掛ける・吊るす

衣類でやってしまいがちなのが、「つい、椅子の背などに掛けたり、積み上げたままにしてしまう」こと。それも、同時に何枚もやってしまうと、体積が大きくなって見た目が悪いうえに、次に着るときに探しづらくなります。変なシワがつくことも……。

「またすぐに着る」つもりの服を、その都度しまうことは難しいかもしれませんが、こういう服はなるべく「軽く畳んで置く」か「ハンガーに掛ける」習慣をつけましょう。すぐ着るときもシワなく着られますし、着ないならしまいやすくなります。

ついついその辺に置いてしまいがちなのは、「またすぐ使う」という気持ちがあるからでしょう。しかし、「また着る服」が増えるにつれ、次に使うときに探しづらくなります。

これは「掛ける・吊るす」ことで解決します。ワンアクションで平面が片づくうえ、目につきやすいのですぐに探せます。

服やバッグなどはもちろん、掛けるためのループなどがついていないもの（返却するための本やディスク、人に渡すつもりのおみやげなど）も、袋などに入れることで吊るすことができます。その際は次のことに注意しましょう。

・1つのフックには1つだけ掛ける
・透明の袋を使い、中身が見えるようにする
・フックは、部屋の目につくところではなく、目立たない場所に設置する

片づけ動作のインストールは、即効性のあるものではありません。しかし、基本動作を根気よく繰り返すうちに、少しずつですが、必ず身についていきます。

「自分でも気づかないうちに片づけていた」ということが増えれば、かなりインストールが進んでいます。その頃には、散らかるのが遅くなり、片づけるのが速くなるので、「散らからない家」になっています。

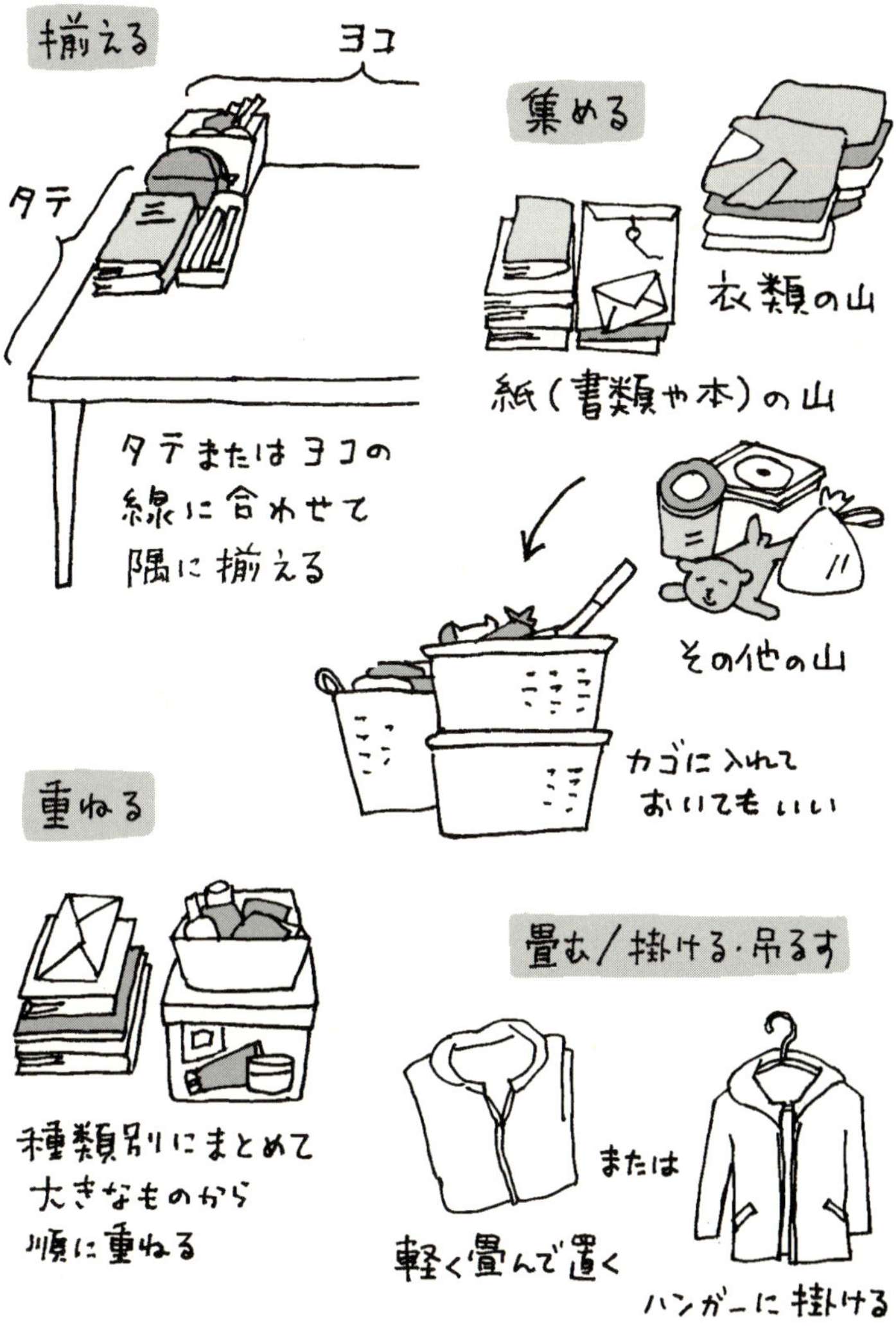
揃える
ヨコ
タテ
タテまたはヨコの
線に合わせて
隅に揃える
集める
衣類の山
紙（書類や本）の山
その他の山
カゴに入れて
おいてもいい
重ねる
種類別にまとめて
大きなものから
順に重ねる
畳む／掛ける・吊るす
軽く畳んで置く
または
ハンガーに掛ける

ゴチャゴチャの根本原因を断つ方法

ミニマリストのように、極限までものを減らして暮らすことは難しいけれど、片づけをよりラクにするには、なるべく「ものを増やさないようにする」のが一番です。片づけなければならないものの母数が少なければ、整理したり捨てたりする手間だって少なくて済みます。

そのためには、何かを家に入れるとき、持ちこむときに注意しなければなりません。

●もらわない

もらうのは一時ですが、片づけはそのものがある限り続きます。「後で捨てればいいや」と思っても、捨てることは意外に簡単ではありません。そう思えば、タダだから、好意だからと無作為にものをもらっていては、自分の負担を増やすばかりです。

本当に必要なもの、ずっと持っていたいもの、必ず消費するもの以外は、なるべく笑顔で「ノーサンキュー」を貫くことが、あとあと自分を助けます。

●買わない

「欲しくはないけれど、必要なもの」を買わなければならない場面が、時々発生します。そんなとき、「必要なんだから仕方がない」と即座に買ってしまいがちですが、ここで少し立ち止まって、自分に問うてみましょう。

「それは、ずっと必要であり続けるものだろうか？」

そうであれば、買ってもいいと思います。

しかし、そうではなく、一時的に必要なだけであったり、必要度がそれほど高くない場合、どうにかして買わずに済ませる努力が必要になります。そうでないと、たった数回使うためだけに買わなければならないうえに、必要でなくなった後、欲しくもなかったものが家にとどまり続け、その収納と管理の手間はずっと続くからです。

買わずに（持たずに）済ますための手段としては、「借りる」「代用する」があります。

借りる

知っている人にものを借りる場合は、借りたものを大切に扱うこと、何らかのお礼をすることなど、信頼を損ねないような行動が必要です。

また、最近では、日常の衣類や最新家電など、さまざまなレンタル商品が出回っているので、そういったサービスを提供する業者を使うのも便利です。

借りるとはいえ、相応のコストはかかります。ことによったら、買ったほうが得に思えるかもしれません。しかし、それは「持たずに済む」ためのコストなのです。買って持ち続けるにも、時間と空間というコストがかかることを考え、双方のコストを秤にかけて判断すればよいでしょう。

(例)妊娠中、結婚式に招待されたが、ふさわしい服がなく、レンタル業者で借りた。二人目を妊娠するかどうか、その間着る機会があるかどうかもわからなかったので、買わずに済みホッとした。

代用する

似たものを使ったり、何かと組み合わせたりすることで目的が達成されるなら、多少物足りなくても、代用することでしのぐという選択肢です。ただしこれは、安全が確保でき、短時間だけ使用する場合に限ります。

(例) イベントでクーラーボックスが必要になったが、近所のスーパーで発泡スチロール箱（トロ箱）をゆずり受けて代用した。

借りる、代用するなどの手当てがつかず、買うことになったけれど、次に使う機会がないなら、なるべく早く処分したいですね。といっても、せっかく買ったものを捨てるのはしのびない。そんなときは、可能なら、「あげる」「寄付する」「売る」など、買ったものが活きる方法で手放しましょう。

あげる／寄付する

親しい人になら、実際に「うちの後、使う？」と尋ねてもいいでしょう。子供のものであれば、近所の年下の子にルートを作っておくとスムーズです。

そういう当てがないときは、自治体のリサイクル窓口などに設置されている「あげます／ください」といった貼り紙や、インターネットの不用品交換サイトを利用する方法もあります。近くの学校や福祉団体がバザーの出品を募っていれば、そこに寄付するのもいいでしょう。直接尋ねるか、福祉協議会などに聞いてみましょう。

買ってしまっても、行先が決まっていれば、家にものが滞留する時間は短くて済みます。

売る

あらかじめ、リサイクルショップなどの業者に目星をつけておき、売る先を確保しておくことも大切です。買ってしまっても、売れるのなら、差額はレンタル代として考えることもでき、お得かもしれません。

自分で直接売るなら、フリーマーケットに参加するか、インターネットオークションやフリマサイトに出品します。業者よりいい値段で売れることもありますが、やりとりや発送作業など手間はかかります。

増えてもいいジャンルを設ける

増やさないことばかり述べてきましたが、そればかりではやはり窮屈です。

本や服、食器など、人によりさまざまでしょうが、本当に好きなものについては、数を気にせず、「買ってもいい」枠を設けておいたほうがいいと思います。そうでないと、ストイックになりすぎて、暮らしが無味乾燥になってしまいかねません。

ただ、あれもこれも無制限では意味がありませんから、「これだけ」と制限をかけて。そうすれば、雑然とした部屋に悩まされることなく、暮らしを楽しめるのではないでしょうか。

自分にとっての「ちょうどいい」が見つかると、心が落ち着きます。

「必要なものは全部あり、足りないものは何もない」。それは最高に満ち足りた状態です。どんなに使いきれないほどのお金を持ったとしても、その満足感は得られないでしょう。

しかし、残念なことに、「ちょうどいい」は不変ではありません。

人間が常に成長し、変化し続ける存在である限り、「ちょうどよさ」もまた、しばしば変化するのです。「一度決めたら、もう考えなくて済む」などということはありません。

面倒ですが、常に変わり続ける自分を意識することで、自分にとっての「ちょうどよさ」を見つめ続けること。それができるかどうかが、ちょうどいい暮らしを保っていくための条件なのかもしれません。

家族にも「ちょうどいい暮らし」とは

一人暮らしなら、「ちょうどいい」を測るには、自分のことだけを考えれば済みます。自分の好み、自分の行動、自分の理想を追求していけばいいのですから。

しかし、家族が一人でもいて、自分以外の人と暮らすとき、それは急に難しい作業になっていきます。自分が女性で家族は男性、自分は大人で家族は子供、自分はきれい好きで家族は散らかし屋……と、属性がかけ離れていれば、困難はそれだけ増すでしょう。家族の人数が増えると、話はさらに複雑になります。

だから、家族と暮らす家は、どうしても煩雑になりがちです。家族一人ひとりに必要なものはそれぞれ違うのですから、それは仕方がありません。

家の中をよりスッキリさせておくためには、無理に誰かの基準に合わせて、必要なものを統一してしまえばいいのかもしれません。あたかも一人の人しか暮らしていないように。でも、それでは必ずひずみが出るし、家族全員が居心地のいい家にはならないでしょう。

時々、こんな家を見かけます。

かわいらしいお人形が庭のあちこちに飾られていて、表札は花柄、玄関に並ぶピンクのスリッパにはレースとフリル。実用品にもことごとくキャラクター柄が描かれていて、まるで「かわいさのテーマパーク」のようなお宅です。

若い女性の一人暮らしであれば違和感はないのですが、これが成人も含めた息子三人と中年夫婦の家だったりすると、

「ママの趣味爆発の家なのかなぁ…」

と、ちょっと家族が気の毒になったりします。

ファンシーなインテリアはママの趣味ではなく、パパの趣味かもしれませんし、家族全員がフリルと花柄が大好きなのかもしれません。それならまったく問題はありませんし、他人がどうこう言うことでもありませんが…。

しかし、我が身を振り返っても、同じようなことをしていないとは限らないと思ってしまいます。

私は、浴室に置くものをなるべく減らしたいため、体も髪も洗えるシャンプー一本だけを置いていた時期がありました。

そのときは良かったのですが、やがて娘が成長すると、自分専用のシャンプーを置きたがるようになります。洗面所にしても、ティーン向けの化粧品が次々と増えていき、水回りが雑然としはじめました。

最初は、浴室や洗面所が雑然とするのがイヤで、娘に数を減らしてほしかったのですが、途中で考えを改めたのです。

家の中にあまりものを置きたくないのは、私の趣味のようなもの。それに対し、家族は多少ものが増えることなど気にかけていません。この家は、私だけの家ではなく、家族みんなのものなのだから、私の趣味だけを押し通そうとするのはムリがある。——そう思うと、成長とともに子供のものが増えていくのは仕方ないことと割り切りました。

とはいえ、片づけや掃除のメイン担当は今のところ私なので、私の負担が増えるのも困ります。家の中がこのまま雑然としていくのもイヤ。

考えた結果、「娘が置きたいものは置く。ただし、視覚的に雑然としないよう、統一したディスペンサーに移し替えたり、娘専用のカゴなどにまとめて、目立たないようにする」ことに落ち着きました。

第３章

居心地のいい家の作り方

家族とはいえ、違う考えを持った別の人格が一緒に暮らす家です。当然、家に対する考え方も違います。そのとき、誰か一人の考えや趣味を押し通そうとすると、ギスギスするし、ほかの家族が楽しくありません。

誰か一人に従うのではなく、皆の暮らしやすい家になるよう、着地点を見つけて折り合いをつける。そういうプロセスを経て、家族みんなにとってちょうどいい暮らしが作っていけるのではないかと思うのです。

第4章

ちょうどいいクローゼットに変えよう

すべての服が1軍になるアイデア

いつも同じ服でもいいじゃない

若い頃、洋服の収納術の記事を読んで触発され、そのとき住んでいた賃貸アパートの押し入れをプチ改造したことがあります。当時は、「たくさんのものをいかにきれいに詰めこむか」という大量収納術が主流でした。

上の段には、奥行を活用するべく〝飛び出すハンガーラック〟をねじで留め、下の段にはサイズぴったりの引き出し。縦横奥行と、空間を100％活用し、手持ちの服を完璧に収納したつもりでした。

しかし気づいてみれば、着ているのはいつも、手前のほうに掛けたり、しまった服ばかり。奥のほうにある服は、いつになっても着ることがありません。

「私、なんでいつも同じ服ばかり着てるんだろう？」

奥のほうにある服だって、色や柄やデザインが気に入って、試着もしてサイズも確かめ、納得して買ったはずです。それなのに、手に取るのはいつも同じ服ばかりで、着たり、洗濯した後は、常に一番手前に戻されるため、次に手に取るのも同じもの。

「これなら、手前にある服だけ持ってるのと同じじゃない？」

そのうち私は、つい着てしまう服の共通点に気がつきました。

・着ていてとってもラク。着心地がいい

・それを着ていると落ち着く

・似合うと思える。似合うと言ってもらえることもある

どれも、着ていてストレスがないのです。

それに対して、奥のほうにしまったなりの服は、色や柄、デザインは好きなのですが、一日じゅう着ていると、次第になんだか疲れてくるのです。歩くと裾《すそ》がちょっとだけからまったり、袖のたるみが気になって、四六時中まくりあげなければならなかったり、前身ごろがだんだん後ろに引っ張られ、それにしたがって襟が窮屈になってきたり。

そのほかにも、「きれいな色で、試着したときは似合って見えたのに、買ってから着たらなぜか顔色が悪く見える」「手触りがよくて買ったけれど、長い時間着てみるとハリがなくてシルエットがあまりきれいじゃない」など、細かい部分が気になると、色やデザインは好きなのに、もう着たくなくなってしまうことがよくありました。

どうしてこういうことが起こるのでしょう。

それは、「既製服しか選択肢がない」ことが一つの理由だと思います。

20世紀中ごろまでは、既製服はとても少なく、質もよいものではありませんでした。洋服といえば注文服（自作も含む）でしたから、多くの人にとって買う機会は少なく、しかし自分のサイズぴったりに作らせることができました。人々は少ない服を大事に長く着ていました。

しかし現代は、服といえば既製服を意味します。既製服のサイズは、「ある身長に対して、最も多い3サイズ」に基づいて決められることがほとんどです。誰もが標準的な3サイズであるとは限りませんから、なかなかぴったりの服には出合えないのは当然です。皆、どこかちょっとだけ我慢して既製服を着ているのです。

もう一つは、「服を買う機会が増えた」こと。

既製服の種類は豊富になり、全体的なクオリティも高くなっています。流行のサイクルは短くなり、デフレとグローバル経済の影響で、服の相対的な価格は下がっています。ファストファッションに象徴されるように、服は「どんどん買って、どんどん捨てる」ものになってきています。

たくさん買うなら、着られる服も増えるはずなのですが、そうではありません。先に述べたように、自分の体にぴったりの服にはなかなか出合えるものではありません。それなのに、新しい服が次々と現れるうえに、どれも気軽に買えてしまう価格です。

ちょっと試着しただけですぐに買ってしまうけれど、一日着ると着心地がよくないことに気づく。クローゼットの中には、見た目は素敵でも、着心地のよくない服が増えていくのはそのためです。気をつけていなければ、自分にとって適切な量よりどんどん増えていってしまいます。

洋裁の知識と技術があれば、こういった「欠陥はないのに着られない服」を、自分なりに補正したりリメイクしたりして気分よく着ることもある程度できるかもしれません。しかし、現代の私たちの多くが、その力を持たず、また時間もありません。

私は、かつて押し入れいっぱいに詰めこんでいた服たちを徐々に捨て、今では半間以下のクローゼットに４シーズン分の服が全部入っています。シャツもスカートもセーターも、すべてのアイテムが５点以下です。

かつて持っていた数を思えば少ないようですが、なんのことはない、たくさん持っていたときだって、いつも着ていた点数は今と同じようなものだったのです。
気に入っていて、着ていてラクで、季節とその場にふさわしい服であれば、いつも同じような服だっていいのではないでしょうか。無理に「いつも違う自分」なんて演出する必要はないと思います。そもそも、人はそんなに他人の服など気にしていないと思いますし。

ファッションにこだわりのある人であれば、こんなことは考えないと思います。しかし、本当におしゃれな人は、服を選ぶ眼があり、手入れにも時間をかけます。クローゼットに着もしない服を詰め込んで、管理できていないなどということもないはずです。

そこまで服にエネルギーを注げないごく一般的な人であれば、いつも着る服をなるべく厳選し、「着心地のよさ」を最優先してタイトなクローゼットにしていくほうが、経済的にも暮らしに対するバランスの面でも、いいのではないでしょうか。

少ない服でやりくりするのも、なかなか楽しいものです。もともとのアイテムが少ないので、着ていく服が決まらないなどということがなくなり、出かける準備が速くなります。「絶対に似合う鉄板の服」だけを着ることになるので、気持ちが落ち着きますし、もしかすると、「スティーブ・ジョブズの黒いタートルネックのセーター」のように、そのコーディネートがあなたのアイコンになるかもしれません。

いつもの服
同じような服
似合うものを
厳選している
ステキ!

「ちょうどいいクローゼット」の作り方

いつも着ている服だけ残して、それ以外は処分してしまっても、当面はそれほど困らないでしょう。

しかし、私たちの生活には、さまざまなイベントがあります。お友達に誘われてコンサートに行くことになったり、ちょっと素敵なレストランで同窓会が開かれることになったり、「いつもの服」だけでは足りない事態が生じるかもしれません。

そんなときのために、前もって準備しておきましょう。自分の生活のなかで起こりうる場面を想定して、そのとき何を着ればいいかを、あらかじめコーディネートしておくのです。

そうすることで、いざというときに慌てずに済みますし、何が足りないか、何が必要かを知ることができます。しかし、それにはまず、自分の持っている服をすべて把握しておくことが必要です。

すべて把握する

自分が何枚、服を持っているか、おおよそでも把握している人は、意外に多くありません。講演などで、多くの人に意見を聞くことがあるとき、

「この中で、ご自分のスカートが何枚あるかおわかりになる方はいらっしゃいますか？」

とお聞きしても、手が上がることはほとんどありません。

一度に全部でなくていいので、今日はシャツを、今日はセーターを、という具合に手持ちの服を数え、メモしていきましょう。その際、色や形の特徴もメモしておけば便利です。

すると、

「ベージュのニットが五枚もある」

「スカートはほとんど柄物」

などと気づくことがあるかもしれません。

自分の持っている服の数と特徴を知っておけば、コーディネートの幅が広がりますし、同じようなものを買ってしまう危険を避けられます。クローゼットがあふれないよう、数を制限するためにも必要なことです。

コーディネートしてみる

次の場面に、あなたならどんなコーディネートで出かけますか？

通勤・通学／ショッピング／観劇・コンサート／デート／カジュアルなパーティー（同期会など）／フォーマルなパーティー（披露宴など）／葬儀／旅行（都市）／ハイキング・キャンプなどアウトドア／その他、自分の出かける場面

すべて手持ちの服で構成してみてください。

いずれも春秋・夏・冬と3パターン書き込みます（150ページ）。同じコーディネートで出かける場面は省略し、自分の生活にない場面は書き込まなくて結構です。

いかがでしたか？　必要な服はすべてありましたか？

足りない服もあったかもしれません。旅行など数日間にわたるイベントや、洗い替えの必要な夏服、参加する機会の多いイベントには、複数のコーディネートが必要になるでしょう。また、

「服は思いついても、靴やバッグが思いつかない」

「冬用の気に入ったアウターがない」

と気づいたアイテムがあるかもしれません。そういったアイテムを、吟味しながら探す

のも楽しいことです。

服が足りなくても、アクセサリーや小物で変化をつけることができれば、必ずしも買い足さなくても済むかもしれません。書き出すことで、そんなこともわかってきます。

また、パーティーなど慶事の服は、絶対に持っておかなければならないものでもありません。前もって日にちがわかることがほとんどですから、レンタル業者や、普段から借りられる相手を探しておくのもいいでしょう。その都度、違う服が着られる楽しみもあります。

喪服や靴など、借りるのが難しいアイテムに関しては、早めに手当てしておいたほうがいいでしょう。いざというときに慌てなくて済みます。

大切なのは、むやみにたくさんの服を抱え込むことではなく、自分の生活に必要な服が何か、それに対して自分は何を持っているかを把握しておくことなのです。

「着ない服は一枚もない、でも必要な服は全部ある（用意できる）」なら、ちっとも困りませんし、何より管理がラクです。そんな「ちょうどいいクローゼット」を作っていきましょう。

必要なコーディネートを確認してみよう

それぞれのシーンに必要なアイテムを、3つの季節別に書き出し、足りない服を確認します。ノートを用意し、絵で表してみても楽しいでしょう。

例

通勤・通学

春・秋	夏	冬
・長袖のカットソー ・長袖のブラウス ・シンプルなカーディガン ・春秋用スーツ ・春用コート	・半袖のカットソー ・シンプルなタンクトップ ・半袖のブラウス ・薄手のカーディガン ・薄手のスカート ・夏用スーツ	・長袖のカットソー ・長袖のブラウス ・ウールのニット ・あたたかいスカート ・あたたかいパンツ ・冬用スーツ ・冬用コート

通勤・通学

春・秋	夏	冬

ショッピング

春・秋	夏	冬

観劇・コンサート

春・秋	夏	冬

デート

春・秋	夏	冬

カジュアルなパーティー(同期会など)

春・秋	夏	冬

フォーマルなパーティー(披露宴など)

春・秋	夏	冬

葬儀

春・秋	夏	冬

旅行(都市)

春・秋	夏	冬

ハイキング・キャンプなどアウトドア

春・秋	夏	冬

その他、自分の出かける場面(　　　　　　　)

春・秋	夏	冬

買いもので失敗しないためのヒント

服に関しては、どんなに注意深く買っても、人気ドラマの主人公のように、「絶対に失敗しない」などということは、なくならないかもしれません。

それでも、失敗を減らすことはできます。また、リカバーすることも可能です。これから買う服を、なるべく長く楽しく着られる「買い方」を身につけておきましょう。

色彩診断を受ける

誰しも好きな色があり、服選びにもそれは影響します。しかし、好きな色＝似合う色なのでしょうか？

以前、取材でカラーアナリストの方に「似合う色」を診断していただいたことがあります。それ以前は、無難な黒や紺、茶色ばかりを着ていました。こういう色は誰にでも似合うのだと信じていましたし、組み合わせもラクだったからです。

ところが、自然光に近づけた照明の下、鏡の前でさまざまな色の布（カラードレープ）を当てていただいたところ、それらの色は信じられないくらい似合っていませんでした。顔色は悪くくすんで、シミとシワが多く見え、なんだか病人のよう。

アナリストさんおすすめの色は、それまで手に取ってもみなかった、サーモンピンクやイエローグリーン。当てると、さっきの老け顔がパーッと明るく華やかに、若返って見えてビックリ。イエローベースで春タイプの私には、黄みがかった澄んだ色が合い、日本人に比較的多いタイプとのことでした。

それまで、「無難」ばかりを基準に色を選んでいた私ですが、これだけまざまざと色と自分の相性を見せつけられてからは、現金なもので、色選びがまったく変わってしまいました。色は、顔色ばかりでなく、体型や性格まで違って見せてくれるのです。

プロに診断してもらうのもいいですが、カラー診断の本を頼りに、お友達と服を持ち寄り、色診断パーティーをしてみるのもいいかもしれません。その結果、手持ちの服の色が合っていないことがわかっても、服を総取り換えするわけにはいきませんが、小物や化粧品で工夫することは難しくないと思います。顔に近いスカーフやアクセサリー、口紅の色を変えるところから始めて、自分と相性のいい服を増やしていきましょう。

シーズン初めに時間をかけて買う

バーゲンで30％オフ、50％オフになった服を買うのは、高揚感があって楽しいものです。しかし、混み合うバーゲン会場で急いで試着、ファスナーさえ上がればよしと思って買ってしまい、帰ってもう一度着てみたら「アレ…？」。こんなことはありませんか？

逆説的ですが、服はシーズン初めに定価で買うほうがトクをします。

時間をかけて試着をし、いろいろな角度から服を見る。販売員に素材や合わせ方、手入れの方法について質問する。どちらも、バーゲン期間ではできないことです。

値段は安くはなりませんが、その服を何倍にも役立たせる情報を一緒に買ったようなものですし、何より、安いからといってむやみと服を増やさず、クローゼットの管理を煩雑にせずに済みます。もちろん、買うのは、さんざん何軒も試着してからです。

買わずに済ませるトーク術

何軒も試着してから買う以上、「買わずに店を出る」ことに慣れなければなりません。

お店の人に話しかけられるのが苦手な人、何か買わないと悪いと思ってしまう優しい人も、「買わずに済ませるトーク」を身につければ大丈夫。

「今日買うのではないけれど、試着だけしてみてもいい？」

と、あらかじめ断ってしまいます。着てみて合わなければ、

「ちょっと動きが窮屈になるみたい」

「思っていたのと違っていたわ」

合っていても、もっと他も見たいときは、

「もうちょっと回ってからまた寄らせてもらいます」

店を出るときは、

「いろいろ見せていただいてありがとう」

商品を丁寧に扱い、礼儀さえ守れば、ごくごくストレートに伝えていいのです。これで態度が悪くなるような販売員のいる店には、次は行かなくてもいいでしょう。

通販で買うときは

ネットショッピングを楽しむ人も多いと思いますが、実物を手に取れない通販で服を買

うのは、実際には難しいものです。

しかし、通販でしか手に入らない素敵な服もたくさんあります。通販で買うなら「試着」を大前提にすること。つまり、気に入らなかったり合わなかったりしたら、必ず返品します。「まあいいや…」と諦めてしまえば、着ない服は増える一方です。

そのためにも、買う前に返品の仕方についてよく知っておくことが大切です。返品する際の梱包の仕方、送料の負担の有無などを調べておき、届いた商品を着るときは、汚したり傷つけたりすることのないよう、丁寧に扱いましょう。

微調整する

試着室で、「ワッ、やっぱり素敵！ …だけど、襟の開きがちょっと狭い…」などと、寸法やデザインに、ほんのちょっと不満を感じることはありませんか？ ほんの少しの調整で、気持ちよく着られる服はたくさんあります。

そのまま買ってしまう前に、そのお店であらかじめお直しできないか確認してみましょう。可能なら、お直ししてくれる縫製技術者と直接話せればベターです。

収納はラクに、手入れはこまめに

収納が戻しやすく探しやすいものであれば、一着一着の服をすべて把握しておくことができます。しかし、「目に美しい収納」「たくさん持つための収納」にこだわるあまり、実際の収納のしやすさが犠牲になってしまう例も少なくありません。

収納は、取り出しやすい以上に、戻しやすさが大切です。「疲れていても戻せる」レベルのラクな収納を取り入れましょう。

「立てて収納」に挫折した人に

美しい収納術のセオリーでしばしば見かける「立てて収納」。きちんと定型に畳んだ服を、引き出しに一分の隙もなく立てて並べる収納法です。

これだと、空間が１００％活用できるので、多くの服を持つことができますし、どの服がどこにあるか一目瞭然ですから探しやすい。また、色別にグラデーションに並べれば、整然として美しいことも魅力です。

ただし、この方法は、少々しまうのにテクニックが要ります。また、ブックスタンドを置くなどして仕切りを作らない限り、「常に服がぎっしり入っていないと、どんどん崩れてくる」収納法でもあります。

服は柔らかいので、一枚の服を引き出すと、その空間は他の服が倒れて自然と埋まってしまいます。本のように一冊分の空きができればいいのですが、そうはなりません。

したがって、その服をもう一度元に戻すときは、埋まってしまったその空間を丁寧に広げながら、きれいに畳んだ服を崩さないように、そーっと入れる必要があります。コツをつかめば、決してできないことではありません。

ただ、疲れていたり、時間がなかったりすると、どうしても「きれいに元に戻す」のが難しくなり、「無造作に上に乗せていく」になってしまいがちです。また、自分以外の家族に徹底させるのも困難なことです。

「ちょうどいいクローゼット」にするために、服を探すのも戻すのもラクで、かつ、そんなに見苦しくない収納をおすすめします。それは、「斜め収納」です。

立てて収納すれば十枚入るところを、六～七枚にとどめ、立てずに斜めに寝かせて収納します。これなら、一枚一枚が識別できるうえ、戻すときは一番上に斜めに重ねればよく、テクニックは要りません。

手持ちの服の数を少し減らすことでラクになる、ちょうどいい収納法だと思います。

ハンガーを揃える

同じ枚数の服でも、ハンガーを揃えるだけで、見た目のかさが減りますし、収納も容易になることがあります。

たくさんの服がぎっしり掛けられたクローゼットにありがちなのが、さまざまな色のハンガーの混在です。これは、視覚的に雑然とした印象を与えるばかりでなく、いろいろな素材・形状のハンガーがぶつかり合い、物理的にも収納しづらいものです。ハンガーはせめて二種類に統一しましょう。

シャツなどの薄いアイテムにはアルミ製のワイヤーハンガーを、ジャケットやコートなど型崩れさせたくないものには、肉厚のハンガーを。ワイヤーハンガーの一部を、紐を吊るすくぼみのついたものにするか、洗濯ばさみを併用することで、スカートやパンツなどボトムスを掛けることもできます。ハンガーの色も統一すれば､見た目も美しくなります。

このハンガーに掛けた服を、シャツはシャツ、スカートはスカートと、アイテムごとにまとめて収納していきます。ワンピースとロングコートの間に、丈の短いセーターを吊るしたりしないように。

そしてもう一つ大切なのが、ハンガーの向きも統一させることです。肉厚のハンガーが一つひとつ別の方向を向いていると、その分かさが増えてクローゼットを窮屈にしてしまうからです。これをラクにするのが、フックが動くタイプのハンガーです。肉厚ハンガーはぜひこのタイプにしましょう。

さまざまなタイプのハンガーが混在し、服の種類別に掛けられていなかったときに比べ、ハンガー同士が干渉し合うことがないため、同じ数の服を掛けていてもかさが減って見えますし、実際に収納がラクになります。色とデザインが統一されたハンガーは、クローゼットの中を、整理されたショップのような印象に変えてくれるでしょう。

斜め収納

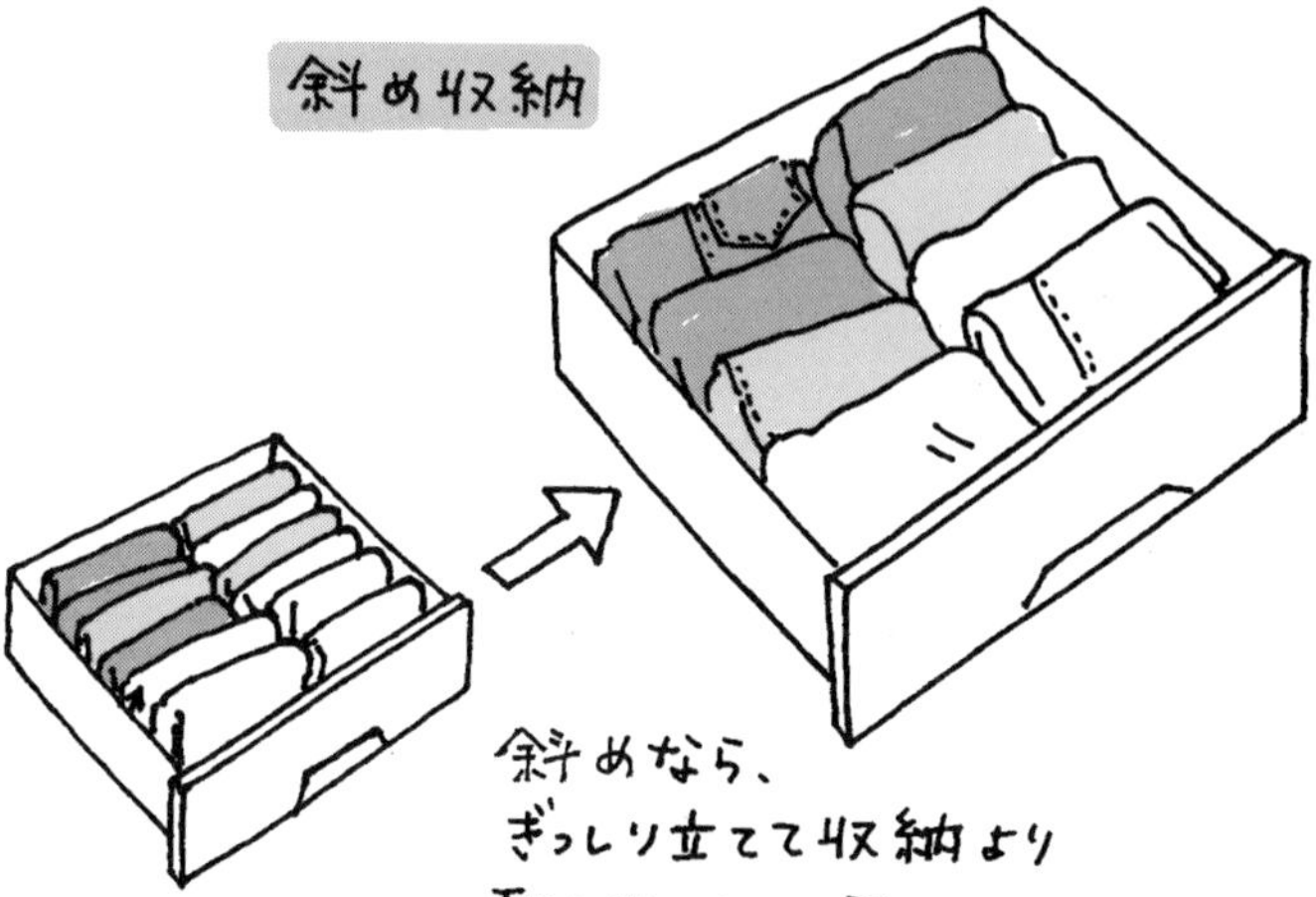

斜めなら、
ぎっしり立てて収納より
取り出しやすく戻しやすい

ハンガーを揃える

ハンガーは２種類に統一すると
すっきりとした印象に

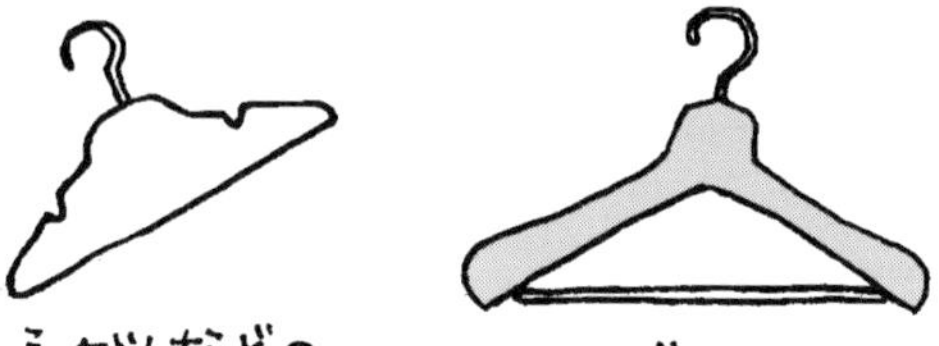

シャツなどの
薄いアイテム

型くずれさせたく
ないもの

少ない服を最大限に活用するには

昔、ヒットした映画『プリティ・ウーマン』に、こんなシーンがあります。ジュリア・ロバーツ演じる街の女が大富豪に見初められ、レディにふさわしい服装を整えるために高級ブティック街で手当たり次第服を買いあさるのです。女性なら、誰でもちょっとはやってみたいことではないでしょうか。欲しい服が何でも手に入り、とっかえひっかえ着ることができたら楽しいでしょうね。

でも、現実はそうはいきません。普通の人は限られた予算、限られたスペースで手に入る服でやりくりしなければなりません。

それをゲームだと考えてみてはどうでしょうか。自分の持ち駒で、どれだけの範囲をカバーできるか。少ない服で、広い範囲（着ていく場面）をカバーできたら、達成感がありますよ！

ベーシックなもの、無地を優先して選ぶ

衣装持ちで、クローゼットが片づかずに困っているというお宅に伺うと、お部屋の主はたいていとてもおしゃれ好きです。そして、手持ちの服を見ると、珍しいデザイン、変わった柄、面白い形のものがほとんど。ベーシックな服がとても少ないのがわかります。

服が好きだからこそ、デザインの面白さに魅かれて買うのでしょうが、実際に組み合わせて着るとき、特徴的なデザインや柄の服同士の組み合わせは難しいものです。ベーシックなデザインは、面白みはないかもしれませんが、組み合わせが容易です。

服を買うときは、なるべくベーシックなもの、無地のものを優先し、デザイン性のあるものはそのうえに余力として足していったほうが、「ちょうどいいクローゼット」に向いています。

持つ服が少なければ少ないほど、あるいは持っている服をなるべく多くの場面で活用したいと思うなら、服を選ぶときは無地を優先したほうがいいでしょう。

柄を着るのは楽しいものですが、服の数を増やせない場合は、服は無地を優先し、柄はスカーフや小物に取り入れたほうがいいようです。

デジカメ・スマホアプリで管理する

手持ちの服を管理するのに、手書きのメモでもいいのですが、一枚一枚の服をデジカメや携帯電話のカメラで写真に撮っておけば、さらに管理がラクに、楽しくなります。

撮影した服は、アイテムごとに一覧にして印刷しておくことで、頭の中でコーディネートするときのよい参考になります。色別の枚数も一目瞭然です。

スマホを使っている方なら、クローゼットアプリを活用するとよいでしょう。デジカメ同様、スマホのカメラで服を撮影し、クローゼットアプリに登録しておきます。アプリによっても機能はいろいろですが、手持ちの服を画面上で組み合わせることができるので、移動中の電車やバスの中など、空き時間にコーディネートを考えておくこともできます。

少ない服でも、多くの組み合わせを作っておくことで、活躍の範囲が広がります。

こまめな手入れで「全員1軍」に

いざ着ようとしたとき、服にほころびや傷みがあると着ていくことができません。忙しさが続いて補修ができずにいれば、せっかくの服が「2軍」扱いになってしまいます。服が少ないと、一着一着の負担も大きくなるため、このように補修が必要な場面も増えます。

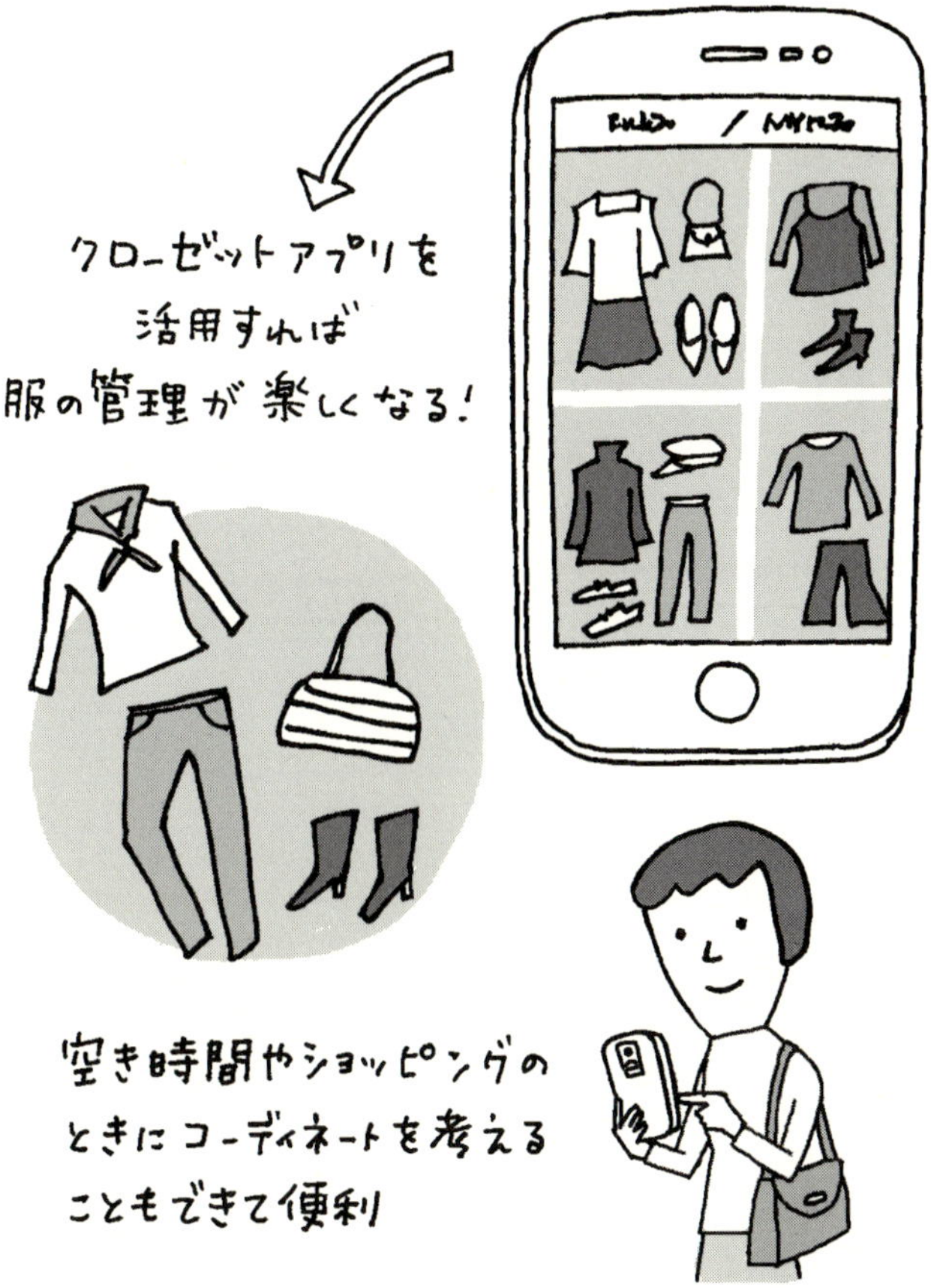
クローゼットアプリを
活用すれば
服の管理が楽しくなる！
空き時間やショッピングの
ときにコーディネートを考える
こともできて便利

つまり、少ない服を最大限に活用するには、着た後の服を必ずチェックして、シミやほころびがあったらなるべくその場で補修するか、すぐに補修に出すように習慣づけることが必要になります。つねに「すぐに着ていける状態」にしておくことで、「全員1軍」のクローゼットが維持できるのです。

最近は、家庭で服の補修を行うことが少ないですが、ボタン・ホックつけ、すそまつり、破れやかぎ裂きの補修など、最低限の知識は身につけておきたいものです。

幸い、今はインターネットの動画サイトで見ることができますし、役に立つ書籍もあります。

(例)『手ぬいでできちゃう! 服のお直し』(髙畠 海、新星出版社)

クローゼットに洋服ブラシを

ウールのジャケットやスーツなどは、着た後に洋服ブラシをさっとかけておくことで、ホコリや汚れを落とすことができます。そうすると、汚れ成分をエサにする虫やカビがつきにくく、服を傷めず、長持ちさせることができます。ブラシは柔らかい豚毛のものがベストです。

しみ抜きツールを持つ

白いシャツを着た日に限って、トマトソースのパスタを頼んでシミをつけてしまう……。よくあることです。出先でも、薄めた石鹸《せっけん》水とティッシュやハンカチで応急処置をしておけば、ダメージを小さくすることができますが、それができないときもあります。バッグの中に、市販のしみ抜きツールをしのばせておきましょう。小さいので邪魔になりませんし、いざというときとても役に立ちます。

毛玉取り

ニットに毛玉ができると、くたびれて見え、恰好の悪いものです。高価なニットであっても、着続けているうちに、やっぱり毛玉はできます。

毛玉取りツールはいろいろ出ていますが、ニットを傷めるものには注意しましょう。一番いいのは、よく切れるハサミ（ネイル用などが便利）で、優しくつまんだ毛玉を一つひとつカットすることのようです。

毛玉をカットするだけなので簡単ですが、毛玉が増えてしまうと時間もかかり、根気のいる作業です。毛玉の出やすいお気に入りのニットは、着るたび注意して毛玉をカットするようにしましょう。

第5章

人づき合いも、ちょうどよく

いろいろな人と
程よい距離感を保つコツ

「誰とでも仲よく」はムリ！

衣食住もそうですが、人づき合いも「ちょうどいい」と感じる関係って、なかなか難しいものだと思います。そもそも、「ちょうどいい人づき合い」ってどんなものでしょうか。

小学校の頃、先生は言いました。

「みんなで助け合い、誰とでもお友達になりましょう」。

子供の社会だけでなく、世の中すべてがそうであれば理想的ですね。でも、実生活ではその通りにはいきません。

無理にわかり合おうとしない

この世界が自分一人のためにあるわけではない以上、わかり合えない人がいるのは当然のことで、でも、その人たちとも一緒に生きていかなければなりません。

最近、家族がグルテン不耐症らしいことがわかり、食事から小麦製品を除去しています。

小麦に含まれるたんぱく質グルテンを消化できず、トラブルが起きるためなのですが、「食物を消化する」ことと「相手を理解する」ことって似ているな……と思いました。

食べたものを消化するということは、食べたものを自分の中に取り込むということです。それは、自分の体に消化できる能力があるからできることです。

それに対して、食べたものが消化できないということは、その食物を消化する能力が自分にないということです。消化できない体で消化できない食物を食べていたら、たとえそれが栄養のある食物でも体を壊すばかりです。

人とわかり合えないとき、「わかってくれない相手が悪い」と、つい恨みに思ってしまうものですが、それは同時に、「自分に相手をわかる能力がない」のかもしれません。

相手も自分も、いつかお互いをわかることができるかもしれませんが、当面はムリそうならば、わかり合えないならば、わかり合えないままに、

「私はこう思っているけど、あの人には別の思いがあるんだろうな。それはそれで仕方ないことだ。あの人はあの人で、私じゃないんだから」

と、いったん諦めてみる。おいしいけれど、おなかが痛くなったら困るので、パスタやピザを食べるのを諦めるように。無理にわかろうとし、無理に仲よくなろうとしなければ、

ともかく共存していくことはできるのですから。

関係が濃くなったら、時々薄める

そこそこ仲よくできている関係も、煮詰まるとトラブルを起こすことがあります。一緒にランチに職場で、地域で、「いつも一緒の仲よしグループ」はできるものです。旅行に行けば必ずおみ行き、トイレに行き、休みの日にもしばしば一緒にお出かけする。旅行に行けば必ずおみやげを配り、誰かが風邪をひけばお見舞いに。

そんなグループに所属していれば、心強いですし、何より便利です。時には家族以上にありがたい存在となるでしょう。ただ、時々、その「濃さ」にメンバー自身が困惑しているのが見てとれることがあります。

どんなに仲よしなグループでも、必ず力関係はあります。みんなを引っ張るリーダー的存在の人、お手伝いが上手なフォロワー的存在の人がうまく組み合わされているときはいいのですが、人間は変化するもの。ずっとそのままうまくいくとは限りません。

グループ内での自分の位置に違和感を覚えるようになったら、そのグループにいること自体が苦しくなります。こんなときは、濃い関係を少し薄める必要があるでしょう。5回

第５章
人づき合いも、ちょうどよく

に1回は「お休み」するとか、一緒に過ごす時間を少しずつ減らすとか、いつも一番先に失礼するとか。

グループに「戻った」ときに、感じていた違和感がさらに大きくなっていたり、よそよそしさを感じるようになっていたりしたら、それはそろそろ、そのグループから上手にフェイドアウトする時期なのでしょう。

大きな集団での身の置き方

私自身、実は「にぎやかな集まり」が苦手です。そういうところに身を置くと、なんだかふるまいがぎこちなくなってしまったり、とんちんかんなことを言ってしまったりして、冷や汗をかくことはしょっちゅうです。

「舞い上がって、しゃべりすぎちゃったかな…」

「あんな立ち入ったことを言って、とんだお節介と思われたかも…」

などと、しばしば一人反省会。

しかし、同時にわかってもいるのです。

「誰も私のことなんか気にしていない」

ということが。

大きな集団では、特に目立つ人でもなければ、一人ひとりの存在感は薄まりますから、目立たないように控えめにふるまっておけば、心配されることも不審に思われることもありません。ほんとうはみんな、自分のことで精いっぱいなのです。

注意しなければならないのは、おだやかな笑顔を絶やさないことと、やるべき仕事がある場合、それをサボらないこと。みんな人のことは見ていないといっても、サボっているところはなぜか必ず見られていますから。

大集団では、自分と同じようなタイプの人も必ずいますから、そういう人と出会えたらラッキー。助け合えるかもしれません。

人との距離の測り方

ただ、似たタイプの人に出会えたと思っても、相手との距離の詰め方には注意したいものです。人づきあいで難しいことは、「いかに人と仲よくなるか」よりも、「いかに人との距離を測るか」ではないでしょうか。

気が合うタイプだと思い、すっかり話しこんで仲よくなったと思ったら、相手はそうでもなかったらしいと後でわかってがっかりしたり、ぐいぐい接近してくる人に戸惑ってサインを出しても、相手はまったく気にしてくれなかったり。

なかには、短時間のうちに昔からの親友のようになれてしまう関係もありますが、そうそうあることではありません。人との信頼関係を築くには、間合いを測りながら少しずつ近づいていったほうが安全です。

安全で快適なドライブには、適切な車間距離を保つことが必要です。高速道路をセンターラインぎりぎりに走行したり、後ろにピタリとつけて煽《あお》り気味に走行したりすれば、いやがられますし、事故のもとです。

近づきすぎれば事故を起こし、離れすぎれば渋滞を起こす。人づき合いにも、同じことが言えるかもしれません。

自分のスピード（心の状態）と相手のスピードを見きわめて、近づきすぎず、でも離れすぎず、そのときそのときで最も適切な車間距離を測りながら走行する（つき合う）ことができれば、人間関係でも事故を起こさずに済みます。

あまり一気に近寄らず、いつでも元の位置に戻れるように、礼儀をもって。新しい友達を作る際に、注意しておきたいことです。

苦手な人とのつき合い方

職場や地域、古くからつき合いのある人など、ある程度の人数が集まるところには、どうしても苦手な人が必ず混じるものです。攻撃的な人、ことあるごとにマウンティングしてくる人、言うことが二転三転して信用できない人など、クセのある人とつき合うのは、メンタルを消耗します。

「危険」を察知したら、なるべく早いうちに接触の機会を減らす努力をしたほうがいいのですが、役割上、あるいは一定期間、どうしてもそれが難しいこともあります。

なかには、とことんまでぶつかって腹を割って話し合うことで分かり合える相手もいます。頑固で口の悪い、でも裏表はない人などはその可能性があります。

しかし、そうではなく、いわゆる「モンスター」に近い相手の場合は、何としても自分の心を守ることに徹したほうが得策です。「話は聞いても、言うことは聞かない」のです。その結果、相手の心証を悪くするかもしれませんが、そういう相手の意志に従うと、自分の人生の貴重な時間を奪われることになってしまいます。

つき合って得るものがなく、消耗する相手は、ほぼ例外なく、あなたの人生の時間を奪っていく人です。自分を認めさせ、優位に立つことによってしか相手と関係を結べないタイプの人からは、全速力で逃げるが勝ち。物理的に逃げられない場合は、心理的に逃げます。可能な限り心を閉ざすことです。

親しい人ほど難しい

人づき合いといっても、あかの他人とのつき合いばかりとは限りません。誰よりも近しいはずの家族であっても、自分でない限り、それは「（他）人」とのつき合いです。

人づき合いは、親しい関係であるほど、難しいものかもしれません。身内だから、お互いに関する情報はたくさん持っていますし、踏みこんでいける距離も他人とは比べものにならないほど近い。でも、だからこそ余計に、距離の測り方が難しいのです。

どんなに近い関係であっても、自分ではない——。親しい人とのつき合いは、これを忘れては成り立ちません。

親と自分を切り離す

実の親子であっても、むしろ親子だからこそ、葛藤や衝突は絶えません。お互いどんなに大切に思い合い、強い愛情を持っていてもです。

親は子に希望を託しますが、それはしばしば自分が歩んだ通りの道を強制するものだったり、逆に、自分がかなえられなかった夢の押し付けだったりします。親はどうしても、子の人生に介入し、支配しようとしてしまいます。

少し前にオンエアされた「支配する母親」がテーマのテレビドラマは、大きな話題を呼びました。

ドラマには、日本では長く神聖視されてきた「母性」の中にある、成長し、親とは別個の人間として生きていこうとする子供の自立を阻害し、永遠に自分の中に取りこもうとする「支配者」の側面が赤裸々に描かれていました。

現実にこういうケースは少なくなく、私も何人かの知人を思い出します。「愛」という名の下に行われるため、支配されている事実に気づかないこともあり(父親の場合もあり)、その場合、子が自分を責める二重の苦しみを負うのです。

他人からは「愛情深い親と、親思いの素直な子」に見えるため、解決をいっそう困難にしているのですが、成人後も傷つき、長く苦しんでいる子が多いことを思えば、親子といえど、どこかで線を引くことは必要でしょう。「愛」という名の親の自我に、子の人生が飲みこまれてはなりません。

子供の頃から身勝手な親の支配に苦しんできたある知人は、成人後に親とほぼ絶縁しましたが、親が老いを迎え、無力となった今、後見人としての責任を果たしています。親を許すことはできないけれど、人としてなすべきことをしなければ…という葛藤の果ての行動だと言います。

苦しみながらも、感情にとらわれない行動ができるのは、支配からの解放あってこそでしょう。本来は大人になる前に完了しているべき、自分と親の切り離しを、成人してから決断するのは苦しいことに違いありませんが、一人の人間として生きていくために必要なことなのです。

きょうだいとの関係

兄弟姉妹（きょうだい）との関係は、親とはまた違っています。

先に逝く親たちと違い、きょうだいたちとは、どんなに折り合いが悪くとも、ほぼ同時代をずっと生きていかなければなりません。

「きょうだいは他人の始まり」という言葉通り、同じ親のもとに生まれ育っても、まったく違うキャラクターに育つのがきょうだいです。それは成人し、独立し、お互い結婚して所帯を持った後、さらにはっきりしてきます。

最もそれが顕著になるのは、各自の、またはそれぞれの結婚相手の経済力や学歴・職業などの違いによって、お互いの暮らしぶりに差が出てきてからでしょう。兄弟姉妹はともかく、それぞれの結婚相手と気が合わなかったりすれば、たちまち反目が起きてしまいます。

自分との距離があまりに近いからこそ、親きょうだいとのつき合いはこじれやすいとも言えます。他人と思えれば割り切れることも、身内と思えば許せなかったり、「なぜわかってくれないのか」と憤ったり。

そんなとき、

「同じ親のもとに生まれ、一緒に育ったけれど、今はそれぞれ一個の大人、わかり合えなくても仕方ない」

とあきらめることができれば、少し気がラクになります。子供の頃は仲がよかったのなら、その楽しい思い出だけを大切にして、これからはもっとクールにつき合うしかありません。

私自身は、きょうだいとは良好な関係を持てていますが、それでも、いつになっても、

第５章
人づき合いも、ちょうどよく

心のどこかに埋《うず》み火のように「親の愛情を競い合う関係」が潜んでいることを感じています。

「母の日のプレゼント、私のほうが母が喜んでいた」

「母と妹で、私の悪口を言っていた」

などという些細なことが、大人になってからでさえ気になることがあるのです。これが、万一ことがこじれたときに反目を呼びさまし、対立が生まれるのかもしれません。

誰でも、多かれ少なかれそんな火種を抱えていることを自覚してつき合うことは、きょうだいとつき合ううえで大切だと思っています。

どんなに近しい人であっても、自分ではないのだから、わかり合えないのも仕方ない、とあきらめがつけば、少しラクになります。長じてからは特に、身内だからといって、過度な期待をしない、距離を狭めすぎないのが、家族と「ちょうどいい」関係を築くための秘訣だと思います。

人づき合いに疲れたら

SNSが発達した現代では、人づき合い自体に煩わしさを感じることが多くなっているかもしれません。第1章でも触れましたが、最近では「SNSで人の暮らしぶりを見ているうちに、次第に憂鬱な気持ちになってくる」という〝SNS疲れ〟を起こす人も多いようです。

SNSにアップされるのは、華やかなイベント、おいしそうな料理、おしゃれな服やネイルの写真。幸せそうな写真を見ているうちに、友達の素敵な暮らしがうらやましく思えてきて、「それに比べて私は…」と、自分の暮らしが地味でつまらないものに見えてくるのだそうです。

これはもちろん、錯覚です。賑やかで楽しいことばかりの日常を送っている人など、実際はわずかです。地味な日常や、つらいことも多い仕事、愚痴や不満は絵になりませんから、SNSには表れてきません。SNSに載せるのは、絵になるほんの一瞬を切り取ったもの。自分とみんなを楽しませ、地味な日々に華を添えるためのものです。

だから、SNSは基本「話半分」で読んで正解。自分のSNSだって、みんなは「素敵！楽しそう！」と思ってくれているかもしれません。

SNS疲れに限らず、最近人づきあいに疲れたな……と思ったら、しばしの間、人から離れてみるといいかもしれません。スマホもパソコンも持たず、誰にも会わない場所にこもるのです。家族のいる人には特に、半日でも、一時間でも、一人になる時間は大切です。それも、なるべくなら自宅以外で。

人づき合いを避けては生きられないからこそ、あえて時々一人になることをすすめます。「孤独のすすめ」です。

「サード・プレイス（3rd Place）」という言葉があります。「自宅」「職場、学校」という二つの場所以外の、自分の背負った役割から解放される場所を指す言葉で、多くはお気に入りのカフェや公園のベンチなどがそれにあたります。

やりがいのある仕事に打ち込み、家庭では主婦業をこなすイキイキとした友人がいますが、彼女は、どんなに忙しくても、仕事が終わった後、必ずカフェでコーヒーを一杯だけ飲んでから帰宅することを習慣にしています。そうすることで、仕事上の人間関係で疲れた脳をリセットし、ゆったりした気分で家族に向き合えるからなのだそうです。外で仕事をしていない私ですが、とても共感できる話です。

サード・プレイスはお店など室内でなくてもよく、家が仕事場である私は最近逆に、自然の中にこもる「一人アウトドア」でリセットしています。

自然といっても、遠くの海や山ではなく、近場の川や大きな公園で、人の少ない場所を選び、アウトドア用の椅子とステンレスボトルに入れたコーヒーや本を持ち込み、一人だけでくつろぐのです。お弁当を作っていっても楽しいものです。今まさに更年期のためか、時々気分が落ちこむので、こういう場所で時間を過ごすことが癒しになっています。

別の友人は、クルマでドライブし、パーキングの木陰に駐車してシートを倒し、クルマを別荘のように使ってくつろぐのだそうです。運転の得意な人にはいいですね。

サード・プレイスは美術館でも、ゲームセンターでも、スポーツジムでもいいのです。「一人になれて、誰にも気兼ねしなくて済む自分だけの場所」、探してみませんか？

著者紹介

金子 由紀子 1965年生まれ。出版社勤務を経てフリーランスに。「シンプルで質の高い暮らし」を軸に、幅広い分野で執筆を行っている。総合情報サイトAll About「シンプルライフ」のガイドとしても活躍中。

10年に及ぶひとり暮らしと、主婦・母親としての実体験をもとに、心地よい生活術を提案。継続性を重視したリアルな暮らしの知恵が、共感を呼んでいる。

本書では、誰かの基準に振り回されない自分に「ちょうどいい」快適な暮らし方、家事のコツを提案します。

『ためない習慣』(小社刊)、『持たない暮らし』『時間上手の暮らし方』(共にアスペクト)、『片づけのコツ』(大和書房)、『クローゼットの引き算』(河出書房新社)など、著書多数。

人生《じんせい》の居心地《いごこち》をよくする
ちょうどいい暮《く》らし

2017年8月1日 第1刷

著者 金子《かねこ》由紀子《ゆきこ》
発行者 小澤源太郎

責任編集 株式会社 プライム涌光
電話 編集部 03(3203)2850

発行所 株式会社 青春出版社
東京都新宿区若松町12番1号 〒162-0056
振替番号 00190-7-98602
電話 営業部 03(3207)1916

印刷 共同印刷 製本 大口製本

万一、落丁、乱丁がありました節は、お取りかえします。

ISBN978-4-413-23047-6 C0077